I0079861

085

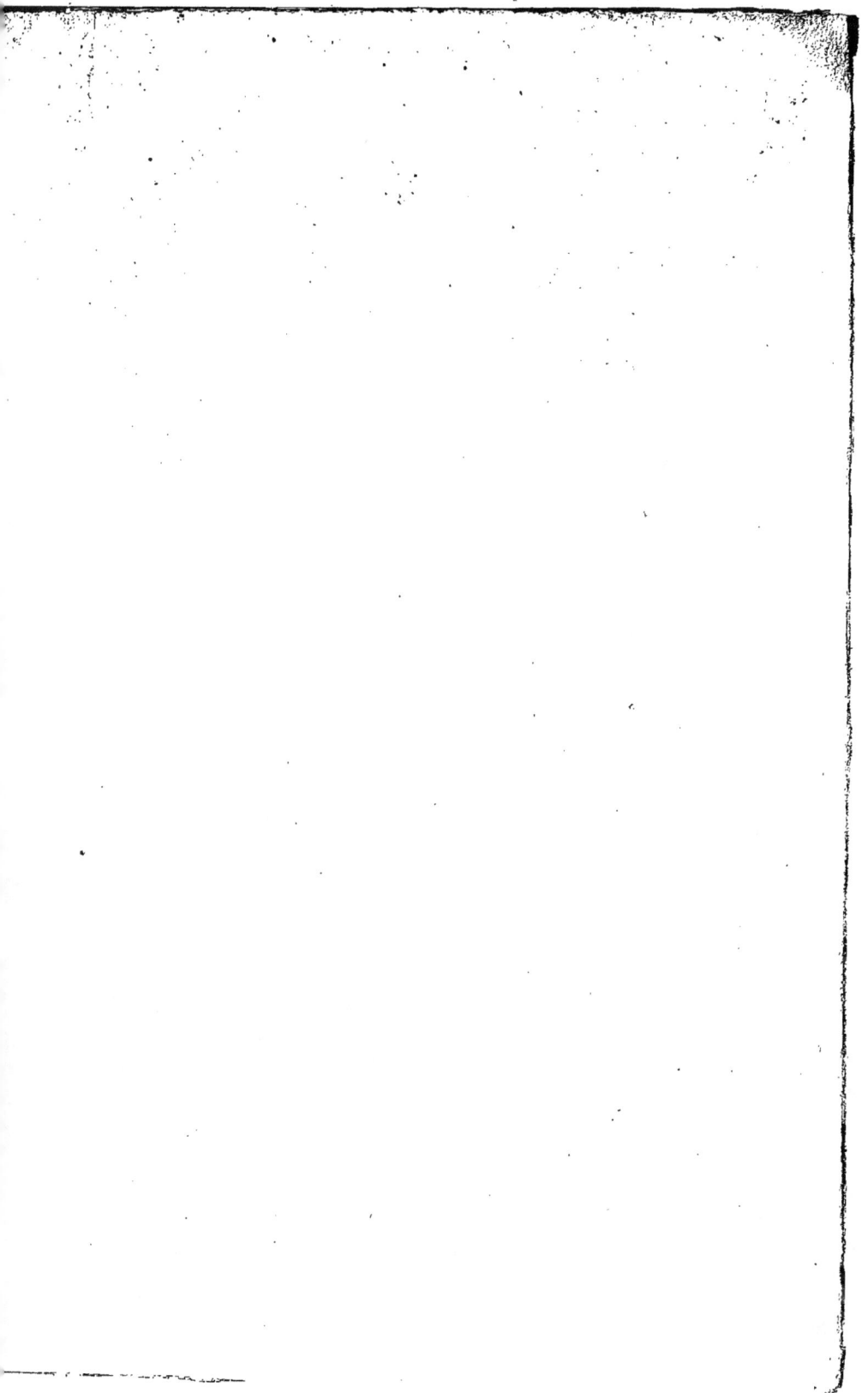

V

31085

PRINCIPES
DE MUSIQUE,

SUIVIS

D'UN PETIT ABRÉGÉ

SUR L'HARMONIE ET LE DISCOURS MÉLODIQUE,

DIVISÉS

EN DEUX PARTIES,

PAR AURADOU,

PROFESSEUR DE MUSIQUE.

BIBLIOTHEQUE ROYALE

MOULINS,

P.-A. DESROSIERS, RUE SAINT-PIERRE, HÔTEL DE VEAUCE.

—

1837.

EMPLOI DE CET OUVRAGE.

La première année, l'élève étudiera la première partie, sans les notes complémentaires; si l'élève n'est pas trop jeune, on lui fera suivre en même temps les notes.

La deuxième année, l'élève reverra la première partie conjointement avec les notes, et la deuxième partie qui contient un très-petit abrégé sur l'harmonie et le discours mélodique.

La table étant par demandes sert à deux fins.

Le travail ou devoir pour l'élève est indiqué aux exemples ou à la suite du texte.

TABLE PAR DEMANDES.

—

PREMIÈRE PARTIE.

—

Chaque demande a le chiffre qui correspond à celui du paragraphe qui sert de réponse.

Chaque demande précédée d'un chiffre entre deux parenthèses ou d'une lettre capitale, a sa réponse dans les paragraphes des notes complémentaires.

⟶◆◆◆⟵

1. La musique? (Quest-ce que).
2. Le son ? (*idem*).
3. Le son musical? (*idem*).
(1.) Les modifications du son ? (Quelles sont).
4. Le son non musical ? (Qu'est-ce que).
(2.) A. La différence entre les bruits? (Quelle est).
B. La vibration? (Qu'est-ce que),
C. Le nombre des vibrations du son le plus grave et le plus aigu? (Quel est).
D. Le nombre des sons appréciables? (*idem*).
5. Un son juste ? (Qu'est-ce que).
(3.) A. La composition musicale? (*idem*).

B. Le rhythme? (*idem*).

C. La mélodie? (*idem*).

D. L'harmonie? (*idem*).

E. La division de la musique, par rapport aux moyens d'exécution? (Quelle est).

F. La différence entre les compositions vocales et instrumentales? (Est-ce qu'il y a de).

6.   La mélographie? (Qu'est-ce que).

7.   Les signes mélographiques? (Quels sont).

8.   L'assemblage de cinq lignes horizontales? (Qu'est-ce que).

9.   Les petites lignes au-dessous et au-dessus de la portée? (*idem*).

10.   Les degrés? (*idem*).

11.   Une seconde, une tierce, etc.? (*idem*).

12.   Les degrés conjoints et disjoints? (*idem*).

13.   Les notes? (*idem*).

14.   Les signes qui indiquent la durée des sons? (Comment nomme-t-on).

15.   La carrée, la ronde, la blanche, etc.; sont représentées? (Comment).

(4).   La durée d'un son représentée par un de ces signes? (Quelle est).

16.   La durée d'une ronde, d'une blanche, etc.? (*idem*).

17.   Les signes qui indiquent la durée des repos? (Comment nomme-t-on).

18.   La pause, la $\frac{1}{2}$ pause, etc.; sont représentées? (Comment).

19.   La valeur de la pause, de la $\frac{1}{2}$ pause, etc.! (Quelle est).

20.   Le point après une note? (A quoi sert).

21.   Le point après un silence? (*idem*).

22.   Deux points après une note, ou un silence? (A quoi servent).

23. Trois points après une note ou un silence? (*idem*).
24. Le point peut ne pas être dans la même mesure de la note? (Est-ce-que).
25. Le triolet? (Qu'est-ce-que).
26. Le sextin? (*idem*).
27. La mesure? (*idem*).
28. Les mesures? (Comment sont partagées).
29. La 1^r_e catégorie des mesures? (Que contient)
30. La 2e — — ? (*idem*).
31. La 3e — — ? (*idem*).
32. La 4$_e$ — — ? (*idem*).
33. Les sortes de temps? (Quelles sont).
34. Autre division des mesures? (Est-ce qu'il n'y a pas une).
35. L'unité de temps de chaque mesure? (Quelle est).
36. L'indication des mesures? (*idem*).
(5). A. Tableau de l'indication des mesures? (Expliquez le).
    B. Un temps accidentel? (Qu'est-ce-que).
    C. Les mesures du tableau qui sont suffisantes? (Quelles sont).
37. Les mesures usitées de la 1re catégorie? (*idem*).
38. Les — de la 2e. — ? (*idem*).
39. Les — de la 3e. — ? (*idem*).
40. La — de la 4e. — ? (Quelle est)
(6). A. Il faut observer sur la mesure à $\S$ et autres? (Qu'est-ce-que).
    B. Des mesures très-grandes dans la musique ancienne? (Est-ce qu'il n'y a pas).
    C. Les temps forts et faibles? (Qu'est-ce-que).
    D. Les parties fortes et faibles de chaque temps? (*idem*)
    E. Le scandé? (*idem*).
    F. Les notes à contre-temps? (*idem*).
41. La syncope? (*idem*).
(7). La syncope commence et finit? (Quand).

42. Les moyens d'étude de la musique vocale ? (Quels sont).

43. L'échelle des sons ? (Qu'est-ce-que).

44. La gamme ? (*idem*).

45. Les sons se répètent ? (Est-ce-que).

46. Le nom de chaque note est fixé ? (Comment).

47. Les clefs ? (Quelles sont).

48. La clef de sol ? (Sur quelle ligne pose-t-on).

49. Une clef fixe ou détermine le nom des notes ? (Comment).

50. Les notes en clef de sol ? (Nommez).

(8) A. La musique en clef de sol ? (Pour quels instrumens et quelles voix écrit-on).

B. Diapason ? (Qu'est-ce qu'on appelle).

C. L'unisson ? (Qu'est-ce que).

D. Les notes en clef d'ut 1re. ligne ? (Nommez).

E. La musique en clef d'ut 1re. ligne ? (Pour quelle voix écrit-on).

F. Les notes en clef d'ut 2e. ligne ? (Nommez).

G. La musique en clef d'ut 2e. ligne ? (Pour quel instrument et quelle voix écrit-on).

H. Les notes en clef d'ut 3e. ligne ? (Nommez).

J. La musique en clef d'ut 3e. ligne ? (Pour quel instrument et quelle voix écrit-on).

K. Les notes en clef d'ut 4e. ligne ? (Nommez).

L. La musique en clef d'ut 4e. ligne ? (Pour quelle voix écrit-on).

M. Les notes en clef de fa, 3e. ligne ? (Nommez).

N. La musique en clef de fa, 3e. ligne ? (Pour quelle voix écrit-on).

51. Les notes en clef de fa, 4e. ligne ? (Nommez).

(9) A. La musique en clef de fa, 4e. ligne ? (Pour quel instrument et quelle voix écrit-on).

B. Les clefs les moins usitées ? (Quelles sont).

C. La portée générale ou grande portée? (Qu'est-ce que).

D. Jeux des clefs.

52. Les notes de la gamme ne sont pas à égale distance? (Est-ce que).

(10) Du quart de ton ? (Peut-on faire usage).

53. Les sons entre ut et ré, ré et mi, etc.? (Comment indique-t-on).

54. Les dièzes et bémols sont annulés? (Comment).

(11) A. L'effet du double dièze ou du double bémol devant une note non altérée? (Quel est).

B. Note altérée? (Qu'est-ce qu'une).

C. Signes accidentels? (Qu'est-ce que les).

D. Le signe accidentel sert pour les mêmes notes de la mesure? (Est-ce que).

E. Les dièzes et bémols après la clef? (Pour quelles notes sont).

55. Les genres qui resultent de l'emploi des dièzes et bémols? (Quels sont).

(12) Autre nom du demi-ton diatonique?(Quel est l')

(13) Autre nom du demi-ton chromatique? (Quel est l').

(14) Exécution d'un passage enharmonique ? (Que faut-il observer dans l').

56. Mouvement ou degré de lenteur et de vitesse? (Comment indique-t-on le).

(15) Termes usités en musique pour les mouvemens et l'expression ? (Quels sont les).

57. Nuances ou différents degrés de force du son? (Comment indique-t-on les).

(16) Règles d'expression ? (Quelles sont les).

58. Les accents? (Quels sont).

(17) Différence du piqué au détaché?(Les auteurs font-ils tous une).

(18) Avantage de l'accentuation musicale? (Quel est l').

59. La mise de voix et le son filé ? (Qu'est-ce que).
(19). Durée du son filé ? (Quelle doit-être la).
60. La petite note ? (Qu'est-ce que).
(20). Avantage des petites notes ? (Quel est l').
61. Appoggiature ? (Qu'est-ce que l').
(21). Observations sur l'exécution de l'appoggiature ? (Quelles sont les).
62. Le port de voix ? (Qu'est-ce que).
(22). Manière d'exécuter le port de voix? (Quelle est la).
63. Gruppetto ? (Qn'est-ce-que le).
(23). Gruppetto à la suite d'une note pointée? (Comment fait-on le).
(24). Observations sur l'exécution du gruppetto?(Quelles sont les).
64. Le trille ? (Qu'est-ce que).
(25). Observations sur le trille? (Quelles sont les).
65. Le petit trille ou mordant? (Qu'est-ce que).
(26). Les auteurs ne sont pas d'accord sur le nom des agrémens mélodiques? (Est-ce que).
(27). Observations sur les ornemens mélodiques?(Quelles sont les).
66. Les notes surabondantes ? (Qu'est-ce que).
(28). Observation sur le chiffre des notes surabondantes? (Quelle est l').
67. Un trait courbe avec un point dessous? (Qu'est-ce que).
(29) Observation sur le point d'orgue ou d'arrêt dans l'orchestre ? (Quelle est l').
68. Les accords plaqués ? (Qu'est-ce que).
69. L'accord brisé ? (Qu'est-ce que).
(30) Observations sur l'accord brisé? (Quelles sont les).
70. Arpége ? (Qu'est-ce que l').
71. Le Tremolo ? (*idem*).
72. La Reprise ? (*idem*)

73.   Le renvoi ? (*idem*).

74. 1ere. 2me. fois à la fin d'une reprise ? (Que signifie).

75.   Plusieurs points au-dessus ou au-dessous d'une note ? (Que signifient).

76.   Une ou plusieurs barres avec des blanches ? (*idem*).

77.   Les barres tracées obliquement dans la portée ? (*idem*).

78.   Le tremolo en abrégé ? (Comment se marque).

79.   Le silence de deux ou plus de mesures ? (*idem*).

(31)   Observation sur la pause ? (Quelle est l').

80.   Le signe d'abréviation du grupetto ? (Quel est).

81.   Le mot bis ? (Que signifie).

82.   Les mots octave et loco ? (*idem*).

(32) A. Autre signe d'octave ? (Quel est l').

   B. Le signe d'octave pour la guitare, la harpe, le piano ? (Que signifie).

   C. Le mot chalumeau ? (*idem*).

   D. La note à double queue ? (*idem*).

   E. Le guidon ? (Qu'est-ce-que).

83.   L'intervalle ? (*idem*).

84.   Les intervalles qu'il y a dans la gamme ? (Comment se comptent et quels sont).

85.   Les intervalles conjoints et disjoints ? (Quels sont).

86.   Les différentes faces des intervalles ? (*idem*).

87.   La grandeur de chaque intervalle se compte ? (Comment).

88.   Les 2des. ? (Quelles sont).

89.   Les 3^{ces}. ? (*idem*).

90.   Les 4^{ies}. ? (*idem*).

91.   Les 5tes. ? (*idem*).

92.   Les 6tes. ? (*idem*).

93.   Les 7mes. ? (*idem*).

94.   Les 8^{ves}. ? (*idem*).

95.   Les intervalles primitifs et altérés ? (Quels sont).

(33)   Les intervalles consonnans et dissonnans? (*idem*).

96.   Pour renverser un intervalle ? (Qu'est-ce-que l'on fait).

97.   Observations sur les renversement des intervalles primitifs et altérés ? (Quelles sont les).

98.   Modes ? (Combien y a-t-il de).

99.   Nom de chaque degré d'une gamme quelconque ? (Quel est le).

100.   Le ton ? (Qu'est-ce-que).

101.   Composition des gammes majeures? (Quelle est la).

102.   Composition des gammes mineures ? (*idem*).

103.   Autre composition de la gamme mineure? (*idem*).

104.   L'ordre des dièzes après la clef? (Quel est).

105.   Succession naturelle des tons avec des dièzes ? (Quelle est la).

106.   L'ordre des bémols après la clef ? (Quel est).

107.   Succession naturelle des tons avec des bémols ? (Quelle est la).

108.   Deux tons relatifs ? (Qu'est-ce-que).

109.   La tonique majeure ou mineure d'un ton quelconque? (Comment trouve-t-on).

110.   Pour savoir dans lequel des deux modes est un morceau de musique ? (Comment faire).

(34) A.   Pour changer en mode min. le mode maj. avec des dièzes ? (Que fait-on).

B.   Pour changer en min^r. le maj^r. qui a des bémols ? (*idem*).

C.   Pour changer en maj^r. le min^r. ? (*idem*).

D.   Différence d'armure du maj^r. au min^r. etc., avec la même tonique ? (Quelle est la).

E.   Armure et différence entre deux tons enharmoniques ? (Qu'est-ce-que l').

F.   Un morceau de musique n'est pas tout dans le même ton ? (Est-ce-qu')

G. Pour passer au ton de la dominante ? (Que fait-on).

H. Pour passer au ton de la sous dominante ? (*idem*).

J. Les notes tonales ? (Qu'est-ce-que).

K. Les notes modales ? (*idem*).

L. Pour bien établir un ton , un mode ? (Que faut-il).

M. Transposer ? (Qu'est-ce-que).

N. La propriété , l'affinité des sons ? (*idem*).

O. Le mouvement dans les parties ? (*idem*).

SECONDE PARTIE.

1. Un accord direct ou indirect ? (Qu'est-ce-qu').

2. Les accords de 5tes. , de 7mes. etc. , sont composés ? (Comment).

3. Manière d'indiquer les sons d'un accord ? (Quelle est la).

4. Accord parfait maj^r. et ses renversements ? (Expliquez l').

5. Accord parfait min^r. et ses renv^{ts}. ? (*idem*).

6. Accord de 5te. diminuée et ses renv^{ts}. ? (*idem*).

7. Accord de 5te. augmentée et ses renv^{ts}. ? (*idem*).

8. Accord altéré ? (Qu'est-ce-qu'un).

9. Accord parfait maj. altéré ? (Expliquez l').

10. Accord parfait min^r. altéré ? (*idem*).

FIN DE LA TABLE.

PRINCIPES

DE MUSIQUE.

PREMIÈRE PARTIE.

1. La musique est la science des *sons*.

2. Le *son* est en général tout ce que l'on entend : il y a deux sortes de sons, le musical ou déterminé, et le non musical ou indéterminé.

3. Le son musical est produit par la voix chantante ou par un instrument de musique. (Voyez note 1).

4. Le son non musical n'est que du bruit : il est produit par la voix parlante, le cri des animaux, la chute d'un corps pesant, etc. (N. 2.)

5. Chaque son est juste en le considérant isolément; de deux sons entendus successivement, le second sera faux par rapport au premier, s'il est émis trop haut ou trop bas; pour chanter ou jouer juste, il faut donc observer exactement la distance convenable ou le degré de gravité d'un son relativement à un autre. (N. 3.)

6. La Mélographie est l'écriture que le Compositeur emploie pour transmettre ses idées musicales.

7. Les signes mélographiques sont des lignes horizon-

tales, obliques, perpendiculaires et courbes, des zéros et des points, des chiffres, des lettres initiales de mots italiens ou français, etc.

8. L'assemblage de cinq lignes tracées horizontalement, est la portée, qui contient par conséquent quatre espaces ou interlignes ; la 1re ligne de la portée est la plus basse : le 1er espace se trouve entre la 1re et la 2e ligne, ainsi de suite en montant jusqu'à la 5e. Ex. 1.

9. Les petites lignes que l'on trouve au-dessous et au-dessus de la portée, sont des lignes d'emprunts qui servent quand les 5 de la portée sont insuffisantes; on les nomme ou additionnelles, ou auxiliaires, ou supplémentaires, ou ajoutées ; le nombre qui n'en est pas limité varie au-dessous de la portée jusqu'à 4, et au-dessus jusqu'à 6 ; on les compte en montant, au-dessus de la portée ; et en descendant, au-dessous. Ex. 2.

10. On nomme degré une ligne ou un espace de la portée ; il y a donc autant de degrés qu'il y a de lignes et d'espaces. Depuis le dessous de la 4e ligne additionnelle inférieure, jusqu'au-dessus de la 6e supérieure, on trouve 31 degrés ; la portée seule en représente 11, depuis le dessous de la 1re ligne jusqu'au dessus de la 5e. Ex. 1 et 2.

11. On nomme *Seconde* montante ou descendante, 2 degrés qui se suivent immédiatement ; une *Tierce*, c'est aller directement d'un degré quelconque au 3e au-dessus ou au-dessous en sautant le degré médial ; on fait de même pour la *Quarte* qui exige 4 degrés, la *Quinte* 5 , la *Sixte* 6, la *Septième* 7, l'*Octave* 8, la *Neuvième* 9, etc.

12. Les degrés conjoints sont ceux que l'on suit par Seconde, en montant ou en descendant; les degrés disjoints sont ceux que l'on suit par Tierce, Quarte, Quinte, Sixte, Septième, Octave, Neuvième, etc.

13. Les *Notes* sont des zéros et des points ronds ou ovales, que l'on place sur les degrés de la portée pour indiquer

les sons et leur degré d'élévation, en allant du grave à l'aigu ou de l'aigu au grave. Ex. 3.

14. Les signes qui indiquent la durée des sons, se nomment en général, *valeurs des sons* ou des notes (*), et en particulier, *Carrée, Ronde, Blanche, Noire, Croche* ou $\frac{1}{2}$ noire, *Double-Croche* ou $\frac{1}{4}$ de noire, *Triple-Croche* ou $\frac{1}{8}$ de noire, *et Quadruple-Croche* ou $\frac{1}{16}$ de noire.

15. La *Carrée* rarement en usage dans la musique moderne, ne se trouve que dans quelques morceaux religieux : on représente ce signe par un petit carré ; la *Ronde*, par un zéro ; la *Blanche*, par un zéro et un petit trait perpendiculaire montant ou descendant; la *Noire*, par un point rond et un trait perpendiculaire ; la *Croche* diffère de la noire par un crochet ou une barre au bout du trait; la *Double-Croche* en a deux ; la *Triple-Croche* en a trois, et la *Quadruple-Croche* en a quatre. Ex. 4. (N. 4.)

16. La durée d'une ronde est égale à 2 blanches, ou 4 noires, ou 8 croches, ou 16 doubles-croches, ou 32 triples-croches, ou 64 quadruples-croches.

La durée d'une blanche est égale à 2 noires, ou 4 croches, ou 8 doubles-croches, ou 16 triples-croches, ou 32 quadruples-croches.

La durée d'une noire est égale à 2 croches, ou 4 doubles-croches, ou 8 triples-croches, ou 16 quadruples-croches.

La durée d'une croche est égale à 2 doubles-croches, ou 4 triples-croches, ou 8 quadruples-croches.

La durée d'une double-croche est égale à 2 triples-croches, ou 4 quadruples-croches.

La durée d'une triple-croche est égale à 2 quadruples-croches. Ex. 5.

17. Les signes qui indiquent la durée des repos, se nomment en général, *valeurs des silences*, et en particulier, *pause*,

---

(*) On dit très-souvent *note* ou *ton* pour *son*.

demi-pause, soupir, demi-soupir, quart de soupir, hui-tième et seixième de soupir.

18. La *Pause* est un petit trait horizontal placé au-dessous d'une des lignes de la pôrtée ; la *Demi-Pause* est faite de même, mais placée au-dessus d'une ligne ; le *Soupir* est fait comme un sept retourné ; le *Demi-Soupir*, comme un sept ; le *Quart de Soupir* comme un double sept ; le *Huitième de Soupir* comme un triple sept ; et le *Seizième de Soupir* comme un quadruple sept. Ex. 6, 1re partie.

19. La valeur ou la durée de la pause est égale à une ronde, la demi- pause à une blanche, le soupir à la noire, le $\frac{1}{2}$ soupir à la croche, le $\frac{1}{4}$ de soupir à la double-croche, le $\frac{1}{8}$ de soupir à la triple-croche, et le $\frac{1}{16}$ de soupir à la quadruple-croche. Ex. 6.

20. Le *Point* placé après une note quelconque, l'augmente de la moitié de sa valeur ; par conséquent, la ronde pointée vaut 3 blanches ou 6 noires, la blanche pointée 3 noires ou 6 croches, la noire pointée 3 croches ou 6 doubles-croches, la croche pointée 3 doubles-croches ou 6 triples-croches, et la double-croche pointée 3 triples-croches ou 6 quadruples-croches. Ex. 7.

21. Le point placé après un silence quelconque, l'augmente de la moitié de sa valeur ; la pause et la demi-pause pointées se rencontrent très-rarement ; le soupir pointé vaut 3 demi-soupirs ou une noire pointée, le $\frac{1}{2}$ soupir pointé vaut 3 quarts de soupirs ou une croche pointée, le $\frac{1}{4}$ de soupir pointé vaut 3 huitièmes de soupirs ou une double-croche pointée, et le $\frac{1}{8}$ de soupir pointé, vaut 3 seizièmes de soupirs ou une triple-croche pointée. Ex. 7.

22. Quand, après une note ou un silence, il y a 2 points, le second vaut la moitié du premier ; la ronde avec deux points vaut donc trois blanches et une noire ou sept noires ; la blanche avec deux points vaut trois noires et une croche ou sept croches, etc. Ex. 8.

23. Quand, après une note ou un silence, il y a 3 points, ce qui est très-rare, le troisième vaut la moitié du second; la ronde avec trois points vaut donc trois blanches, une noire et une croche, etc. Ex. 9.

24. Quelquefois le point n'est pas dans la même mesure de la note à laquelle il appartient, et produit le même effet, quoique dans la mesure suivante. Ex. 10.

25. On nomme *Triolet*, 3 notes de même valeur, qui ne doivent pas excéder la durée de 2 figurées de même : par exemple, 3 noires en triolet doivent être passées dans le même espace de temps qu'il faut pour 2 noires; un triolet de 3 croches dans l'espace de temps qu'il faut pour 2 croches, etc. Ex. 11.

Les silences, équivalens aux notes des triolets, entrent aussi dans leur composition.

Pour indiquer le triolet d'une manière plus positive, on met au-dessus ou au-dessous du groupe le chiffre 3; mais quand il y en a plusieurs de suite, il suffit de le mettre au premier; très-souvent le triolet isolé n'a pas de chiffre, mais il est facile de le reconnaître, surtout quand il est composé de croches ou doubles-croches, parce qu'il forme toujours un grouppe de 3 notes.

26. On nomme *Sextin*, 2 triolets unis en un seul groupe, composé de 6 notes de même valeur qui ne doivent pas excéder la durée de 4 figurées de même : par exemple, 6 croches en sextin doivent être passées dans un espace de temps semblable à celui qu'il faut pour 4 croches, etc. Ex. 11.

Ce groupe, nommé par quelques professeurs *Sextolet* ou *Sixain*, est quelquefois accompagné du chiffre 6.

27. On nomme *Mesure* les valeurs de notes et de silences renfermés entre deux barres qui traversent la portée; toutes les mesures d'un morceau de musique sont de la même durée : très-souvent un morceau de musique commence par un fragment de mesure, alors on dit de ce morceau qu'il commence *en levant*.
2.

28. Les mesures sont partagées en quatre catégories :

La 1re contient toutes les mesures que l'on nomme *Binaires* (ou à 2 temps) ; chaque mesure binaire est divisible en 2 parties égales. On marque les temps avec la main droite quand on chante, et avec le pied droit quand on joue d'un instrument ; c'est ce que l'on appelle *battre la mesure* : le 1er temps en frappant et le 2e en levant. (Suivant l'exemple ci-dessous) :

Exemple.

2 Second Temps.

1 Premier Temps.

30. La 2e contient toutes les mesures que l'on nomme *Ternaires* (ou à 3 temps) ; chaque mesure ternaire est divisible en 3 parties égales. On marque le 1er temps en frappant, le 2e généralement à droite, et le 3e en levant. (Suivant l'exemple ci-dessous) :

Exemple.

3 Troisième Temps.

2 Second Temps.

1 Premier Temps.

31. La 3e contient toutes les mesures que l'on nomme *Quaternaires* (ou à 4 temps) ; chaque mesure quaternaire est divisible en 4 parties égales. On marque le 1er temps en frappant, le 2e à gauche, le 3e à droite, et le 4e en levant. (Suivant l'exemple ci-contre) :

Exemple.

4 Quatrième Temps.

Second Temps 2———3 Troisième Temps.

Premier Temps 1

32. La 4° catégorie, très-peu usitée, contient les mesures que l'on nomme *Quintenaires* (ou à 5 temps); chaque mesure quintenaire est divisible en 5 parties égales. Cette mesure est partagée en deux sections par une ligne de petits points qui traversent la portée, ce qui produit alternativement une mesure à 3 temps et une à 2, ou une à 2 temps et une à 3 (dont les temps se marquent suivant l'exemple ci-dessous) :

Exemple.

Les 3 Temps à la 1re Section.

Troisième Temps 3   2 Cinquième Temps.

Second Temps   2

Premier Temps 1   1 Quatrième Temps.

Les 3 Temps à la 2° Section.

Second Temps 2   3 Cinquième Temps.

2 Quatrième Temps.

Premier Temps 1   1 Troisième Temps.

Comme tous les temps d'une mesure sont égaux entre eux,

de même tous les mouvemens que l'on fait de la main ou du pied pour marquer les temps, doivent être égaux en durée.

33. Il y a deux sortes de temps : les temps *Binaires*, ainsi nommés parce qu'ils sont divisibles en deux parties égales, et les temps *Ternaires*, divisibles en 3 parties:

34. La division des mesures, autre que celle en catégorie binaire, etc., est la division en *petites mesures*, *mesures moyennes*, et *grandes mesures*, à 2, 3, 4 et 5 temps binaires ou ternaires.

35. Les petites mesures ont pour chaque unité de temps binaire la croche; et pour chaque unité de temps ternaire, la croche pointée : les mesures moyennes ont pour unité de temps binaire, la noire; et pour unité de temps ternaire, la noire pointée : les grandes mesures ont pour unité de temps binaire, la blanche, et pour unité de temps ternaires, la blanche pointée.

On fera faire aux élèves, sur le papier ou l'ardoise ou à haute voix, des exercices sur les temps binaires et ternaires.

36. Chaque mesure est indiquée au commencement de la pièce musicale par un ou deux chiffres; quand il y a deux chiffres l'un sur l'autre, le supérieur démontre combien de fois il faut, dans la composition de chaque mesure, la valeur de la note ou la partie de la ronde exprimée par le chiffre inférieur : par exemple, $\frac{3}{8}$ signifie 3 fois la 8e partie de la ronde, c'est-à-dire, 3 croches pour chaque mesure, ce qui fait une croche pour chaque temps; $\frac{2}{4}$ signifie 2 fois la 4e partie de la ronde, c'est-à-dire, 2 noires pour chaque mesure, ce qui fait une noire pour chaque temps, etc. (N. 5).

37. Les mesures usitées de la 1re catégorie sont :

1°. La mesure à $\frac{2}{4}$, qui contient la valeur d'une blanche pour chaque mesure, ce qui fait pour chaque temps la valeur d'une noire, ou 2 croches, ou 4 doubles-croches, ou 8 triples-croches, ou 16 quadruples-croches, etc.; chacune de ces valeurs, ainsi que dans les mesures suivantes, peut être remplacée par le silence qui lui est égal en durée. Dans un mouvement lent, cette mesure se bat à 4 temps.

2°. La mesure à $\frac{6}{8}$, qui contient la valeur d'une blanche pointée pour chaque mesure, ce qui fait pour chaque temps la valeur d'une noire pointée, ou une noire et une croche, ou 3 croches, ou 2 croches et 2 doubles-croches, ou 1 croche et 4 doubles-croches, ou 6 doubles-croches, etc. ; dans un mouvement lent, on peut, de chaque demi-mesure, en faire une que l'on bat à 3 temps.

3°. La mesure à $\frac{2}{2}$, qui s'indique généralement par un 2 ou un C barré du haut au bas, contient les valeurs doubles de celle à $\frac{2}{4}$, ou les mêmes que celle qui s'indique par un C ou un 4.

4°. La mesure à $\frac{6}{4}$, qui contient les valeurs doubles de celle à $\frac{6}{8}$. Cette mesure est moins usitée que les deux premières.

38. Les mesures usitées de la 2° catégorie sont :

1°. La mesure à $\frac{3}{8}$, qui contient la valeur d'une noire pointée pour chaque mesure, ce qui fait pour chaque temps la valeur d'une croche, ou 2 doubles-croches, ou 4 triples-croches, etc. ; dans un mouvement vif, on ne fait qu'un mouvement de la main ou du pied pour marquer le 1er et le 2° temps, le 3° se marque en levant.

2° La mesure à $\frac{3}{4}$ ou à 3 temps, qui contient les valeurs doubles de la mesure à $\frac{3}{8}$.

3°. La mesure à $\frac{9}{8}$, qui contient la valeur d'une ronde et une croche, ou une blanche pointée et une noire pointée, pour chaque mesure, ce qui fait pour chaque temps la valeur d'une noire pointée, ou une noire et une croche, ou 3 croches, ou 6 doubles-croches, ou 12 triples-croches, etc.; cette mesure est moins usitée que les deux précédentes.

39. Les mesures usitées de la 3° catégorie sont :

1°. La mesure à $\frac{4}{4}$, qui s'indique généralement par un C ou un 4, laquelle contient, pour chaque mesure, la valeur d'une ronde, ce qui fait pour chaque temps la valeur d'une noire, ou 2 croches, ou 4 doubles-croches, ou 8 triples-croches, ou 16 quadruples-croches, etc.; cette mesure contient les mêmes valeurs que celle indiquée par C barré ou 2, que l'on bat à 2 temps à cause du mouvement qui est plus vif.

2° La mesure à $\frac{12}{8}$, qui contient la valeur d'une ronde pointée pour chaque mesure, ce qui fait pour chaque temps la valeur d'une noire pointée, ou une noire et une croche, ou 3 croches, ou 6 doubles-croches, etc.

40. La mesure usitée de la 4° catégorie est celle à $\frac{1}{4}$ qui peut s'indiquer par un 5, laquelle contient la valeur d'une ronde et une noire, ou plutot une blanche pointée et une blanche pour chaque mesure, ce qui fait pour chaque temps la valeur d'une noire, etc.

(On fera faire sur le papier ou à haute voix des exercices sur les mesures usitées). (N. 6).

41. On nomme *Syncope*, une note longue entre deux brèves, comme une blanche entre 2 noires, une noire entre 2 croches; etc.; on trouve souvent plusieurs syncopes de suite comme plusieurs blanches entre 2 noires, etc. (N. 7).

42. On procède à l'étude de la musique vocale par trois sortes d'exercices, qui sont le *Solfège*, que l'on nomme aussi la *Solmisation*, la *Vocalisation* et le *Chant*; solfier, c'est émettre les sons en donnant à chaque note le nom convenu; vocaliser, c'est produire les sons en même temps que l'une des cinq voyelles *a e*, etc.; et chanter, c'est émettre les sons en prononçant des paroles.

43. Dans l'*Echelle* des sons il n'y a que sept notes, on les nomme par degrés conjoints, en montant, *ut* ou *do, ré, mi, fa, sol, la, si*, et en descendant, *si, la, sol, fa, mi, ré, do*. (*).

_____

(*) *Do*, étant une syllabe plus sonore, est employé de préférence à *ut* pour solfier.

44 La *Gamme* est une suite de huit notes, comme en montant, ut, ré, mi, fa, sol, la, si, ut, et en descendant, ut, si, la, sol, fa, mi, ré, ut; la différence de l'échelle à la gamme est donc d'un degré; la 8ᵉ note est la répétition du 1ᵉʳ son.

45. Tous les sons musicaux se répètent de huit en huit degrés en allant au grave ou à l'aigu, ce qui fait que l'on peut obtenir une gamme double, triple, etc., montante ou descendante.

46. Le nom de chaque note est fixé ou déterminé par un des signes nommés *Clef*, mis au commencement de la portée.

47. Il y a trois espèces de clefs; la 1ʳᵉ est celle de *sol*, la 2ᵉ celle d'*ut* et la 3ᵉ celle de *fa*; ces trois espèces produisent sept clefs, qui sont : une de *sol*, quatre d'*ut*, et deux de *fa*; il y a donc autant de clefs qu'il y a de notes dans l'échelle des sons.

48. On pose la clef de *sol* sur la 2ᵉ ligne; cette ligne doit traverser le cercle de la clef.

On pose la clef d'*ut* sur les 1ʳᵉ, 2ᵉ, 3ᵉ et 4ᵉ ligne; la ligne sur laquelle est posée cette clef, doit passer entre les deux crochets.

On pose la clef de *fa* sur les 3ᵉ et 4ᵉ ligne; la ligne sur laquelle est posée cette clef, doit passer entre les deux points de la clef. Ex. 13.

49. Chaque clef fixe ou détermine le nom des notes, en donnant le sien à la note placée sur sa ligne; cette note est le point de départ pour nommer les autres suivant par degrés en montant ou en descendant. Ex. 13.

50. Suivant la position de la clef de sol, la note de la 2ᵉ ligne est *sol*; en montant par secondes on trouve dans le 2ᵉ espace *la*, sur la 3ᵉ ligne *si*, dans le 3ᵉ espace *ut*, sur la 4ᵉ ligne *ré*, dans le 4ᵉ espace *mi*, sur la 5ᵉ ligne *fa*, et au-dessus *sol*; en descendant par secondes et partant encore du *sol* seconde ligne, on trouve dans le 1ᵉʳ espace *fa*, sur la 1ʳᵉ ligne *mi*, et au-dessous *ré*. Ex. 14.

Les notes linéaires sont à la 1ʳᵉ ligne *mi*, 2ᵉ *sol*, 3ᵉ *si; 4ᵉ re'* et 5ᵉ *fa*. Ex. 15.

Les notes interlinéaires sont, au-dessous de la 1ʳᵉ ligne *re*, dans le 1ᵉʳ espace *fa*, 2ᵉ *la*, 3ᵉ *ut*, 4ᵉ *mi*, et au-dessus de la 5ᵉ ligne *sol*. Ex. 16.

Les notes des lignes auxiliaires-supérieures sont, à la 1ʳᵉ *la*, au-dessus *si*, sur la 2ᵉ *ut*, au-dessus *re'*, sur la 3ᵉ *mi*, au-dessus *fa*, sur la 4ᵉ *sol*, au-dessus *la*, etc. Ex. 17.

Les notes des lignes auxiliaires-inférieures sont, à la 1ʳᵉ *ut*, au-dessous *si*, sur la 2ᵉ *la*, au-dessous *sol*, sur la 3ᵉ *fa*, au-dessous *mi*, etc. Ex. 17. (N. 8).

51. Suivant la position de la clef de fa, sur la 4ᵉ ligne, c'est *fa*, dans le 4ᵉ espace *sol*, 5ᵉ ligne *la*, et au-dessus *si* ; partant encore de *fa* 4ᵉ ligne on trouve dans le 3ᵉ espace *mi*, 3ᵉ ligne *ré*, 2ᵉ espace *ut*, 2ᵉ ligne *si*, 1ʳᵉ espace *la*, 1ʳᵉ ligne *sol*, et au-dessous *fa*. Ex. 18, 7ᵉ portée. (N. 9.)

52. Les huit sons composant la gamme ne sont pas à égale distance ; entre ut et ré, ré et mi, fa et sol, sol et la, la et si, il y a la distance nommée *Ton*, et celle de *Demi-Ton* entre mi et fa, si et ut. Ex 27. Chaque distance d'un ton se divise en deux parties par un son intermédiaire qui se trouve à un demi-ton de la note inférieure et de la supérieure ; l'échelle contient donc 12 sons praticables sur presque tous les instrumens, représentés seulement par 7 notes. (N. 10).

53. On indique les sons qui se trouvent entre ut et ré, ré et mi, etc., à l'aide de signes convenus pour hausser ou baisser d'un demi-ton les notes qui en sont précédées; ces signes sont le *Dièze* qui hausse la note d'un demi-ton, et le *Bémol* qui la baisse d'un demi-ton. Ex. 28.

Il y a d'autres signes altératifs qui sont : le *Double-Dièze* pour hausser d'un autre demi-ton la note déja dièzée, et le *Double-Bémol* pour baisser d'un autre demi-ton la note déjà bémolisée. Ex. 28.

54. Les dièzes et bémols doubles sont annulés par les

dièzes et bémols simples, et l'effet de ces deux derniers est détruit par le signe nommé *Bécarre*. (V. ce signe Ex. 28). L'effet des dièzes et bémols doubles s'annule aussi par un simple dièze et bémol précédé d'un bécarre. Ex. 29, lettre *a*. (N. 11.)

55. De l'emploi des dièzes et bémols, il résulte trois *gen-res*, qui sont: le *Diatonique*, le *Chromatique* et l'*Enhar-monique*; le demi-ton qui est entre deux notes de nom dif-férent, est le demi-ton diatonique. Ex. 32. (N. 12). Le demi-ton qui est entre deux notes de même nom, dont l'une est haussée par un dièze ou baissée par un bémol, est le demi-ton chromatique. Ex. 33, (N. 13). Et le passage d'une note à une autre, sans changer de son, est l'enharmonique. Ex. 34. (N. 14). On appelle aussi gamme diatonique, celle qui monte ou descend par tons et demi-tons diatoniques. Ex. 35. Et gamme chromatique, celle qui monte ou descend par demi-tons diatoniques et chromatiques; on pratique or-dinairement le chromatique par dièzes en montant et par bémols en descendant. Ex. 36.

56. On indique de deux manières le mouvement ou degré de lenteur et de vitesse d'un morceau de musique quelcon-que : la 1re, qui est très-vague, par des mots italiens, dont voici les principaux, en partant du plus lent pour aller jusqu'au plus vif : *Largo*, *Grave*, *Larghetto*, *Adagio*, *Lento*, *Andante*, *Moderato*, *Allegretto*, *Allegro*, *Vivace*, *Vivacissimo*, *Presto* et *Prestissimo* : le mouvement *Mo-derato* étant au centre peut servir de point de départ, pour comparer approximativement la différence du vite au lent. La 2e manière, qui est la plus positive, s'indique à l'aide d'un instrument nommé *Métronome*, lequel donne le mou-vement juste d'après l'intention de l'auteur qui, pour cela, inscrit en tête du morceau une valeur de note et le numéro de la place que doit occuper le poids sur le balancier dudit instrument. (N. 15).   3

57. On indique les nuances ou différens degrés de force du son par des mots italiens, dont voici les principaux, en partant du très-faible pour aller au très-fort : *Pianissimo*, *Piano*, *Mezzo-Forte*, *Forte et Fortissimo*. Le mot *Crescendo* indique qu'il faut augmenter la force du son peu à peu, cet effet s'exprime aussi par un angle couché dont l'ouverture est à droite ◄───── ; le contraire s'indique par le mot *Diminuendo* ou un angle couché dont l'ouverture est à gauche ─────► ; les deux angles réunis par l'ouverture ◄─────► indiquent qu'il faut augmenter et diminuer la force du son; on soutient et renforce le son de la note surmontée d'un petit angle dont l'ouverture est vers la note ∧. (N. 15 et 16).

58. En musique les accents sont :

1° Le *détaché*, qui s'indique par un point alongé placé au-dessus de chaque note, pour indiquer qu'elle doit être articulée sèchement, en lui faisant perdre, suivant le mouvement, plus ou moins de la fin de sa valeur. Ex. 37.

2° Le *piqué*, qui s'indique par un point rond placé au-dessus de chaque note, pour indiquer qu'elle doit être articulée avec énergie, sans lui faire perdre de sa valeur comme pour la note détachée. Ex. 37. (N. 17).

3° La *liaison* ou *coulée*, qui s'indique par un trait recourbé dont on couvre les notes qui doivent être liées ensemble; ce signe prévient qu'il faut conduire ou propager le son de note en note sans interruption, d'un seul coup d'archet, ou sans arrêter ou renouveler la respiration. La liaison est encore employée pour unir plusieurs notes à l'unisson, afin de faire prolonger le même son pendant plusieurs mesures; ce signe sert aussi pour faire sans interruption une longue suite de syncopes. Ex. 37.

4° Les *détachés* et *piqués adoucis*, lesquels sont couverts d'une liaison et doivent être articulés avec douceur; ils indiquent pour le violon, la viole et le violoncelle, que les notes ainsi couvertes se détachent toutes en poussant ou en tirant l'archet. Ex. 37. (N. 18).

59. La *mise de voix* est un son soutenu, avec la gradation du pianissimo ou forte et le retour au pianissimo. Le son *filé* est une note prolongée autant que possible, en observant, comme pour la mise de voix, d'enfler et diminuer la force du son. Ex. 38. (N. 19).

60. La *petite note* est un son qu'il faut passer très-vite; elle ne compte pas dans la mesure, sa valeur est prisé sur la grosse note ou le silence qui la précède; elle se fait donc à la partie faible du temps, et se lie toujours à la note qui la suit. Elle est plus souvent à un ton ou un demi-ton supérieur ou un demi-ton inférieur de la grande note, jamais à un ton inférieur, et peut se prendre à toute autre distance de la grosse note; on en fait aussi deux au lieu d'une que l'on nomme *double petite note*, et quelquefois des triples et quadruples. Ex. 39. (N. 20).

61. *L'Appoggiature*, est une petite note qui semble s'appuyer sur la grosse qui la suit, et dont elle est le plus ordinairement à un ton ou un demi-ton au-dessus, ou à un demi-ton au-dessous et jamais à un ton; comme la petite note, l'appoggiature peut' être à une grande distance de la note suivante; elle se fait au temps fort de la mesure ou à la partie forte du temps; sa valeur est prise sur la note qui la suit immédiatement; cette valeur est la moitié, ou les deux tiers, si la grosse note est pointée. (N. 21).

62. Le *port de voix*, est une anticipation sur la 2e des deux notes qu'il faut pour le former; on doit lier la 1re note à la 2e en glissant le son avec beaucoup de légèreté et de vitesse; le port de voix ne doit jamais être placé sur la note qui commence un chant. Ex. 42. (N. 22).

63. Le *Grupetto*, est un groupe de trois ou quatre notes qui se suivent par degrés conjoints, en montant ou en descendant; placé entre deux notes à l'unisson, il se compose

de trois petites notes, pour l'exécution desquelles le temps nécessaire est pris sur la fin de la note qui les précède. Ex. 44. (N. 23).

Le grupetto est de quatre petites notes placées entre deux grosses notes, à la distance de tout intervalle. Ex. 46. (N. 24).

64. Le *Trille* consiste dans le battement alternatif de la note sur laquelle il est indiqué avec celle empruntée un degré au-dessus; on l'indique par ces deux lettres *tr*, écrites sur la note qui doit être trillée; il est majeur quand il y a deux demi-tons entre les deux notes qui le composent, et mineur quand il n'y en a qu'un. Ex. 47. (N. 25).

65. Le *Petit Trille* est un fragment de trille, ou trille non achevé ; on le nomme aussi *Mordan* (N. 26); on l'indique comme le trille par *tr*, ou avec un petit trait en zig-zag : il doit être net et martelé. Ex. 50. (N. 27).

66. Les notes *surabondantes* sont celles qui sont en sus du nombre divisible en deux ou trois ou quatre parties égales, comme 5 pour 4, 7 pour 4 ou pour 6 , 9 ou 10 ou 11 pour 8, etc. Ces groupes sont toujours surmontés du chiffre indiquant le nombre de notes dont ils sont composés. Ex. 52. (N. 28).

67. Un trait courbe avec un point dessous, placé sur un silence ou une note, indique qu'il faut en prolonger la durée autant que le goût l'exige ; placé sur un silence, on le nomme *point-d'arrêt*, sur une note, *point d'orgue*, et dans ce cas, il permet à l'exécutant obligé, d'ajouter quelques traits de son imagination ; placé sur une double barre qui traverse la portée, il tient la place du mot *fin* et se nomme *point-final*. Ex. 53. (N. 29).

68. Les *accords plaqués* sont ceux dont les notes se frappent simultanément. Ex. 54.

69. L'*accord brisé* est celui dont les notes sont frappées successivement et toujours avec vitesse , en commençant

par la note grave, et finissant par la plus aigue. Ex. 55.
(N. 30).

70. L'*Arpege* est une manière de faire entendre successivement et avec égalité de durée, les divers sons d'un accord, au lieu de les frapper tous à la fois. Ex. 57.

71. Le *Tremolo* est un effet que l'on produit sur les ins-
truments à archets, en multipliant les notes sur une ou deux
cordes, avec une très-grande rapidité : pour le piano,
quand il y a trois notes, on les frappe par deux et une ;
s'il y en a quatre, c'est par trois et une. Ex. 58.

72. La *Reprise* est une double barre qui traverse les cinq
lignes de la portée, laquelle étant pointée des deux cotés,
indique la répétition de ce qui précède et suit ce signe ;
quand les points sont d'un seul côté, on répète du côté
pointé. Ex. 59.

Reprise est aussi le nom de la partie du morceau de musique qui est avant ou après ce signe.

73. Le *Renvoi* est un autre signe de reprise ; il est figuré
par un *S* incliné, traversé d'une barre et entouré de quatre
points. Ex. 60.

C'est toujours le second renvoi qui conduit au premier ,
d'où on suit jusqu'au point final ou mot *fin*. Quand on trouve
un troisième renvoi, il conduit aussi au 1er.

74. Quand on trouve à la fin des reprises, 1re *fois*, 2e *fois*,
cela signifie qu'il faut faire la mesure désignée par les mots
1re *fois*, quand on exécute la reprise pour la première fois ;
quand on fait la reprise pour la seconde fois, on saute la
mesure qui a l'indication de la 1re *fois* pour passer à celle
qui a les mots 2e *fois* : dans aucun cas, on ne doit faire la
mesure de la 2e *fois* à la suite de celle de la 1re *fois*. Ex. 61.

75. Quatre points au-dessus d'une ronde, deux au-dessus
d'une blanche, indiquent qu'il faut en faire des noires ; la
simple barre qui accompagne la ronde, ou la blanche, ou
la noire, indique qu'il faut en faire des croches ; les doubles,

triples et quadruples barres, indiquent des doubles, triples et quadruples croches : quand il faut en faire des triolets ou des sextolets, on ajoute au-dessus de la note le chiffre qui indique combien de fois elle doit être répétée. Ex. 62.

76. Les blanches placées l'une sur l'autre, ou l'une à la suite de l'autre avec une simple barre, représentent des croches, et avec des doubles, triples et quadruples barres, des doubles, triples et quadruples-croches. Ex. 63.

77. Les barres tracées obliquement dans la portée, indiquent la répétition du groupe ou de la mesure qui les précède. Ex. 64.

78. Le *Tremolo* se marque en abrégé par des rondes, ou blanches, ou noires avec des doubles, ou triples, ou quadruples barres dessous et à la suite. Ex. 65.

79. On indique le silence de deux mesures, par un trait perpendiculaire, que l'on nomme *bâton* de deux pauses, lequel remplit un espace de la portée; le silence de quatre mesures s'indique par un seul signe que l'on nomme bâton de quatre pauses, lequel remplit deux espaces de la portée. Ex. 66. (N. 31).

80. Les petites notes du grupetto s'indiquent par un ↄ couché, lequel a souvent, au-dessus ou au-dessous, un bémol ou un dièze qui marque l'altération de la petite note la plus haute ou la plus basse du grupetto. Ex. 67·

81 Le mot *Bis* placé au-dessus d'une ou plusieurs mesures, en indique la répétition; afin que l'exécutant sache où commence et finit le *bis*, on renferme ces mesures entre deux signes. Ex 68.

82. Le mot *Octave*, ou simplement 8^{ve}, écrit au-dessus d'une ou plusieurs mesures, signifie qu'elles doivent être exécutées à huit degrés plus haut; et indique le contraire si l'on a mis 8^{ve} *basse*. Ces mots sont suivis d'une ligne en zig-zag, ou d'une traînée de points jusqu'au mot *Loco*, qui mar-

que qu'il faut faire les notes suivantes comme elles sont écrites. Ex 69. (N. 32).

83. L'intervalle est la distance d'un son à un autre.

84. Les intervalles se comptent ordinairement en allant du grave à l'aigu. Après l'*Unisson*, qui est l'effet produit par deux notes au même degré, on a dans la gamme les intervalles, de seconde comme *ut ré*, de tierce *ut mi*, de quarte *ut fa*, de quinte *ut sol*, de sixte *ut la*, de septième *ut si*, et d'octave comme de *ut* à *ut* huit degrés plus haut.

En doublant les intervalles on trouve ceux de 9e, 10e, 11e, 12e, 13e, 14e, et 15e, qui sont la répétition des premiers à l'octave au-dessus. Ex. 75.

85. Les intervalles de secondes sont *conjoints*, et tout ceux qui sont plus grands sont *disjoints*.

86. Chaque intervalle se présente sous trois ou quatre faces différentes.

87. La grandeur de chaque intervalle se compte par demi-tons.

88. Il y a quatre sortes de 2os, qui sont :

La 2e *diminuée*, comme *ut dièze et ré bémol*, composée d'un enharmonique ;

La 2e *mineure*, comme *ut et ré bémol*, composée de 1 demi-ton.

La 2e *majeure*, comme *ut et ré*, composée de 2 demi-tons;

La 2e *augmentée*, comme *ut et re dièze*, composée de 3 demi-tons. Ex. 76 , lettre *a*.

89. Il y a 4 sortes de 3ces , qui sont :

La 3ce *diminuée*, comme *ut dièze et mi bémol* ; composée de 2 demi-tons;

La 3ce *mineure*, comme *ut et mi bémol*, composée de 3 demi-tons ;

La 3ce *majeure*, comme *ut et mi*, composée de 4 demi-tons ; et

La 3ce *augmentée*, comme *ut et mi dièze*, composée de 5 demi-tons. Ex. 76. *b*.

90. Il y a 3 sortes de 4tes, qui sont :

La 4te *diminuée*, comme *ut dièze et fa*, composée de 4 demi-tons ;

La 4te *juste*, comme *ut et fa*, composée de 5 demi-tons ;

La 4te *augmentée*, comme *ut et fa dièze*, composée de 6 demi-tons ; on appelle aussi Triton cette dernière 4te parce quelle est composée de trois tons. Ex. 76. *c*.

91 Il y a 3 sortes de 5tes, qui sont :

La 5te *diminuée*, comme *ut dièze et sol*, composée de 6 demi-tons ;

La 5te *juste*, comme *ut et sol*, composée de 7 demi-tons; et

La 5te *augmentée*, comme *ut et sol dièze*, composée de 8 demi-tons. Ex. 76. *d*.

92. Il y a 4 sortes de 6tes, qui sont :

La 6te *diminuée*, comme *ut dièze et la bémol*, composée de 7 demi-tons ;

La 6te *mineure*, comme *ut et la bémol*, composée de 8 demi-tons ;

La 6te *majeure*, comme *ut et la*, composée de 9 demi-tons ;

La 6te *augmentée*, comme *ut et la dièze*, composée de 10 demi-tons. Ex 76. *e*.

93 Il y a 4 sortes de 7es, qui sont :

La 7e *diminuée*, comme *ut dièze si bémol*, composée de 9 demi-tons,

La 7e *mineure*, comme *ut et si bémol*, composée de 10 demi-tons ;

La 7e *majeure* comme *ut et si*, composée de 11 demi-tons;

La 7e *augmentée*, comme *ut et si dièze*, composée de 12 demi-tons. Ex. 76. *f*.

94 Il y a 3 sortes d'8^{ves}, qui sont :

L'8^{ve} *diminuée*, comme *ut dièze et ut*, au 8e degré au-dessus du 1er, composée de 11 demi-tons ;

L'8^{ve} *juste*, comme *ut et ut*, composée de 12 demi-tons ; et

L'8^{ve} *augmentée*, comme *ut et ut dièze*, composée de 13 demi-tons. Ex. 76. *g*.

95 On nomme intervalles primitifs, ceux que renferme la gamme diatonique ; tous les autres sont des intervalles altérés. (N. 33).

96. Pour renverser un intervalle, on transporte le grave à l'aigu, ou l'aigu au grave ; par ce moyen l'unisson devient 8^{ve}, la 2e 7e, la 3e 6te, la 4te 5te, la 5te 4te, la 6te 3^{ce} et l'8^{ve} unisson. Ex. 77.

Pour voir d'un seul coup-d'œil l'effet du renversement, on peut le représenter par les chiffres suivants :

$$1—2—3—4—5—6—7—8.$$
$$8—7—6—5—4—3—2—1.$$

Observez que les degrés de l'intervalle avec céux de son renversement, font toujours le nombre 9.

97. Dans le renversement des intervalles primitifs et altérés,

Le *diminué* devient *augmenté* ;

Le *mineur* — *majeur* ;

Le *majeur* — *mineur* ;

L'*augmenté* — *diminué* ;

Le *juste* reste *juste*.

Les demi-tons d'un intervalle quelconque, avec ceux de son renversement, font toujours le nombre 12.

98. Il y a deux *Modes*, qui sont : le *majeur* et le *mineur*, le mode est majeur quand il y a 4 demi-tons (une 3e majeure) du 1er au 3e degré de la gamme ; le mode est mineur quand il n'y a que 3 demi-tons (une 3e mineure). Ex. 78.

La 3e majeure constitue ou détermine le mode majeur, et c'est la 3e mineure qui constitue ou détermine le mode mineur.

99. Dans toutes les gammes (par degrés conjoints),

Le 1er degré ou 1re note du ton s'appelle *Tonique*,

C'est la principale note tonale.

Le 2e degré ou 2e note du ton s'appelle *Sus-Tonique* ou sous-médiante.

4

Le 3e degré ou 3e note du ton s'appelle *Médiante*.

C'est la note qui tient le milieu de l'accord parfait sur la Tonique.

Le 4e degré ou 4e note du ton s'appelle *Sus-Médiante* ou sous-dominante.

Le 5e degré ou 5e note du ton s'appelle *Dominante*.

C'est la note la plus haute de l'accord parfait sur la Tonique et qui s'entend le plus souvent.

Le 6e degré ou 6e note du ton s'appelle *Sus-Dominante* ou *Sous-Sensible*.

Et le 7e degré ou 7e note du ton s'appelle *Sensible*.

Cette note est ainsi nommée parce qu'elle fait toujours pressentir la Tonique qu'elle appelle à sa suite.

100 Le *Ton* d'un morceau de musique, est le degré d'élévation de la tonique fixée sur l'un des sons contenus dans l'octave.

Il y a autant de *Tons* que l'on peut mettre de dièzes et de bémols à la clef, de plus le ton qui n'a point d'armure; ce qui fait 15 tons en mode majeur et 15 en mode mineur, qui ne sont pas tous également usités.

101 La gamme du ton d'ut majeur est le modèle de toutes les gammes majeures, elle est composée comme ci-après :

D'ut à ré 2 demi-tons, (du 1er degré au 2e).

De ré à mi 2	—	(du 2^e	—	3e).
De mi à fa 1	—	(du 3^e	—	4e).
De fa à sol 2	—	(du 4^e	—	5e).
De sol à la 2	—	(du 5^e	—	6e).
De la à si 2	—	(du 6^e	—	7e).
De si à ut 1	—	(du 7^e	—	8e).

Total 12 demi-tons ou 5 tons et 2 demi-tons. Ex. 79.

Dans tous les tons, la gamme majeure est en descendant comme en montant.

102. La gamme du ton de la mineur, est le modèle de toutes les gammes mineures, elle est composée comme ci-après :

De la à si 2 demi-tons, (du 1er au 2e degré).

De si à ut 1 demi-ton , (du 2e au 3e degré).
D'ut à ré 2   —   (du 3e au 4e —).
De ré à mi 2   —   (du 4e au 5e —).
De mi à fa dièze 2 —   (du 5e au 6e —).
De fa diè. à sol diè. 2 —   (du 6e au 7e —).
Et de sol diè. à la 1 —   (du 7e au 8e —).

Total   12 demi-tons ou 5 tons et 2 demi-tons. Ex. 80.

La 6te et la 7e qui sont majeures en montant sont mineures en descendant cette gamme. Ex. 81.

103 La gamme mineure est également usitée , composée comme ci-après :

De la à si 2 demi-tons , (du 1er au 2e degré).
De si à ut 1   —   (du 2e au 3e —).
D'ut à ré 2   —   (du 3e au 4e —).
De ré à mi 2   —   (du 4e au 5e —).
De mi à fa 1   —   (du 5e au 6e —).
De fa à sol dièze 3 —   (du 6e au 7e —),
Et de sol diè. à la 1 —   (du 7e au 8e —).

Total   12 demi-tons ou 3 tons , 3 demi-tons, et 1 ton et ½. Ex. 82.

Cette gamme est en descendant comme en montant.

104 L'ordre dans lequel les dièzes sont naturellement posés après la clef, est par 5te en montant, ou par 4te en descendant; la 1re est pour fa , les autres pour ut, sol, ré, la, mi et si. Ex. 83.

105 Suivant la marche la plus naturelle, les tons majeurs ou mineurs avec des dièzes à la clef, se succèdent par 5te en montant, ou par 4te en descendant; après le ton d'ut, c'est avec un dièze sol, avec 2 ré, avec 3 la, avec 4 mi, avec 5 si, avec 6 fa dièze et avec 7 ut dièze majeurs; après le ton de la, c'est avec un dièze mi, avec 2 si, avec 3 fa dièze, avec 4 ut dièze, avec 5 sol dièze, avec 6 ré dièze, et avec 7 la dièze mineurs. Ex. 84.

106 L'ordre dans lequel les bémols sont naturellement posés après la clef, est par 4tes en montant ou par 5tes en

descendant; le 1ᵉʳ est pour si, les autres pour mi, la, ré, sol, ut et fa. Ex. 85.

107.Suivant la marche la plus naturelle, les tons majeurs ou mineurs avec des bémols à la clef, se succèdent par 4ᵗᵉ en montant, ou par 5ᵗᵉ en descendant; après le ton d'ut, c'est avec un bémol fa, avec 2 si bémol, avec 3 mi bémol, avec 4 la bémol, avec 5 ré bémol, avec 6 sol bémol, et avec 7 ut bémol majeur; après le ton de la, c'est avec un bémol ré, avec 2 sol, avec 3 ut, avec 4 fa, avec 5 si bémol, avec 6 mi bémol, et avec 7 la bémol mineure. Ex. 86.

108 Deux tons, l'un majeur et l'autre mineur, sont relatifs quand ils ont à la clef le même nombre de dièzes ou de bémols.

109 Dans les tons dièzés, la, tonique majeure, est un degré au-dessus du dernier dièze posé à la clef. Ex. 84.

Dans les tons bémolisés, la tonique majeure est 4 degrés au-dessous du dernier bémol posé à la clef. Ex.86.

Autre manière: avec des bémols à la clef, l'avant dernier est celui de la tonique majeure; pour la connaître, il suffit donc de trouver ce bémol. Ex. 86.

La tonique mineure relative, est une tierce mineure, ou trois demi-tons au-dessous de la tonique majeure, soit avec des dièzes, soit avec des bémols après la clef. Ex. 84 et 86.

Dans les tons dièzés, la tonique mineure se trouve un degré au-dessous du dernier dièze; et dans les tons bémolisés, la tonique mineure se trouve une 3ᶜᵉ majeure au-dessus du dernier bémol après la clef. Ex. 84 et 86.

110 Pour savoir dans lequel des deux modes est un morceau de musique, il suffit de voir la sensible du mode mineur, si cette note est à un seul demi-ton de la tonique mineure, le mode est mineur; mais si il y a deux demi-tons, le mode est majeur; la tonique est fixée par la note sensible, qui est toujours à un demi ton au-dessous de la première note du ton, dans les deux modes. Ex. 87. (N. 34).

NOTES COMPLÉMENTAIRES.

—

(1) Le son musical est susceptible de différentes modifications, qui peuvent se réduire aux quatre espèces suivantes :

1° Celle du *grave* à *l'aigu*, que l'on nomme degré du *son* ;

2° Celle du *vite* au *lent*, ou la durée que l'on veut donner à chaque son ;

3° Celle du *fort* au *faible*, que l'on nomme aussi force ou intensité ;

4° Celle de l'*aigre* au *doux*, du *sourd* à l'*éclatant*, du *sec* au *moëlleux*, que l'on nomme le timbre des voix ou des instrumens.

(2) A. La seule différence entre ces bruits n'est que du fort au faible ou de l'éclatant au sourd ; on ne peut soumettre à des règles de classifications les diverses vibrations du son non musical.

B. La vibration, est le mouvement oscillatoire imprimé à un corps élastique, par le choc ou le froissement ; des vibrations successives et isochrônes, résulte le son musical ou résonnance appréciable, et l'air, comme véhicule, communique le son à notre oreille.

Avec un instrument à corde, le son est produit principalement par la corde mise en vibration ; avec un instrument à vent, il est produit principalement par la vibration de la colonne d'air refoulée par le soufle introduit dans le tube.

Moins un corps sonore fait de vibrations dans un temps déterminé, plus le son est grave, et plus il en fait, plus il est aigu :

Plus une corde est longue, ⎫ plus les vibrations sont lentes
                    ⎬ et plus le son qui en résulte
Plus un tube est long, ⎭ est grave.

Plus une corde est courte, ⎫ plus les vibrations se succè-
                    ⎬ dent avec rapidité, et plus le
Plus un tube est court, ⎭ son qui en résulte est aigu.

De deux cordes de même matière, de même longueur et de même grosseur, la moins tendue, ⎫
De deux tubes de même longueur, de même ⎬ produira un son plus grave :
matière et de même épaisseur, mais dont le dia- ⎪
mètre ne sera pas semblable, le plus large . . . . ⎭

C. Le son le plus grave que notre oreille soit en état d'apprécier, fait à peu-près 32 vibrations dans une seconde, et le plus aigu en fait 16,384.

D. Le nombre des sons appréciables, depuis le plus grave jusqu'au plus aigu, s'élève à environ 108. Ceux généralement employés font à peu près le nombre 84.

(3) A. La composition musicale est l'art de combiner les sons et le rhythme de manière à produire de la mélodie et de l'harmonie.

B. Le rhythme est la division de la durée des sons en parties assez courtes pour que le sentiment puisse sans effort les comparer entre elles. Le rhythme est indépendant de la mélodie et de l'harmonie ; il peut exister seul et être apprécié par ce que le battement d'un tambour peut nous transmettre d'un chant quelconque.

C. La mélodie que l'on appelle aussi chant, est une émission successive de plusieurs sons différens, elle peut exister sans l'harmonie, mais non pas sans le rhythme.

D. L'harmonie est la succession de plusieurs accords, et un accord est l'émission simultanée de plusieurs sons différens; l'harmonie ne peut se passer ni du rhythme ni de la mélodie, à moinsqu'elle soit bornée à un seul accord; mais dès qu'il y en aura deux de suite, il y aura rhythme; ensuite, si de l'un à l'autre il y a un seul son différent, la voix ou l'instrument qui exécutera successivement ces deux sons, fera mélodie.

E. On divise la musique par rapport aux moyens d'exécution, en musique vocale, en musique instrumentale et en musique vocale et instrumentale; la musique instrumentale se divise en deux sections, l'une des instrumens à vent, l'autre des instrumens à cordes.

F. Il y a de la différence entre la musique composée pour les voix et celle composée pour les instrumens, parce que les locations vocales et les locations instrumentales diffèrent autant les unes des autres que les voix diffèrent des instrumens; cette différence existe même entre la musique des instrumens à vent et celle des instrumens à cordes.

(4) La durée d'un son représentée par un de ces signes, varie autant de fois, qu'il y a de mouvemens différens depuis le plus lent jusqu'au plus vif, par exemple: dans un mouvement lent, une ronde qui aura la durée d'un quart de minute, aura seulement la durée d'un huitième de minute dans un mouvement moitié moins lent, et ainsi des autres signes de durée.

5

TABLEAU DE L'INDICATION DES MESURES ET DE L'UNITÉ DE TEMPS.

MESURES		Binaires ou à 2 temps.	Ternaires ou à 3 temps.	Quaternaires ou à 4 temps.	Quinténaires ou à 5 temps.	UNITÉ DE TEMPS. (5)
grandes à temps.	Binaires	2/8	*3/8	4/8 (1)	5/8	une croche.
	Ternaires	6/16	9/16	12/16	15/16	une croche pointée.
moyennes à temps	Binaires	*2/4 (1)	*3/4 (3)	*4/4 (2)	*5/4 (4)	une noire.
	Ternaires	*6/8	*9/8	*12/8	15/8	une noire pointée.
petites à temps.	Binaires	2/2 (2)	3/2	4/2	5/2	une blanche.
	Ternaires	*6/4	9/4	12/4	15/4	une blanche pointée
		Première.	Seconde.	Troisième.	Quatrie. catégorie.	

(1) Les mesures à $\frac{4}{8}$ et $\frac{2}{4}$ ont, pour somme de mesure, la blanche.

(2) Les mesures à $\frac{4}{4}$ et $\frac{2}{2}$ ont, pour somme de mesure, la ronde ; la première est ordinairement indiquée par un C, quelques auteurs l'indiquent par le chiffre 4 ; la seconde s'indique par un 2 ou un C barré perpendiculairement.

(3) Cette mesure s'indique aussi par le seul chiffre 3.

(4) Cette mesure peut être indiquée par le seul chiffre 5.

(5) Un temps binaire est toujours de la valeur d'une croche, ou d'une noire, ou d'une blanche ; un temps ternaire est toujours de la valeur d'une croche pointée, ou d'une noire pointée, ou d'une blanche pointée.

Une autre manière très-simple pour l'indication des mesures, serait l'emploi des chiffres 2, 3, 4, et 5 suivis d'une croche pour les petites mesures à temps binaires et suivis d'une croche pointée pour celles à temps ternaires ; les mêmes chiffres, suivis d'une noire, indiqueraient les mesures moyennes à temps binaires ; et, suivis d'une noire pointée, celles à temps ternaires ; enfin les mêmes chiffres, suivis d'une blanche, pourraient indiquer les grandes mesures à temps binaires ; et, suivis d'une blanche pointée, celles à temps ternaires.

B. On appelle temps *accidentel*, dans une mesure à temps binaire, un triolet pour un temps, ou dans une mesure à temps ternaires un temps composé de 2 ou de 4 notes équivalentes à un temps ; ces temps sont ordinairement indiqués par un chiffre ; par exemple : si le temps ternaire est de 3 croches, il pourra être remplacé par un temps accidentel, composé de 2 noires ou de 4 croches. Ex. 12.

Les temps accidentels, dans une mesure à temps ternaires, rompent tellement la marche rhythmique qu'ils ne produisent le plus souvent qu'un effet très-peu agréable.

C. Il est facile, en comparant les divers mesures du tableau, de voir que non-seulement il y a double emploi comme le prouvent les valeurs des mesures à $\frac{4}{8}$ et à $\frac{2}{4}$, ensuite celles à $\frac{4}{4}$ et à $\frac{2}{2}$, mais encore triple emploi en ce que le

petites contenant la moitié des valeurs des moyennes, et les grandes les valeurs doubles des moyennes, on obtient les mêmes combinaisons rhythmiques ; en résumé les mesures moyennes sont seules suffisantes.

(6) A. Il faut observer qu'une mesure à $\frac{6}{8}$ en contient deux à $\frac{3}{8}$; une à $\frac{9}{8}$ en contient trois à $\frac{3}{8}$, et une à $\frac{12}{8}$ en contient deux à $\frac{6}{8}$ ou quatre à $\frac{3}{8}$; une mesure à $\frac{6}{4}$ contient deux mesures à $\frac{3}{4}$ ou 3 temps, etc.

B. Dans la musique ancienne on trouve de très-grandes mesures qui ne sont pas expliquées ici, parce que les détails précédens sont suffisans pour les comprendre.

C. On remarque aux divers temps d'une mesure qu'il y en a de plus sensibles ou plus marqués, quoique de valeur égale ; le temps qui marque davantage s'appelle *temps fort* ou accentué : celui qui marque moins s'appelle *temps faible* ou non accentué.

Dans les mesures à 2 temps le 1er est fort, le 2e faible ; dans celles à 3 temps le 1er est fort, le 2e et le 3e sont faibles, mais quelquefois le 3e est fort ; dans celles à 4 temps le 1er et le 3e sont forts, le 2e et le 4e sont faibles ; dans celles à 5 temps, la section ternaire participe de la mesure à 3 temps, et la section binaire de celle à 2 temps.

D. La 1re partie d'un temps binaire est forte, la 2e est faible ; la 1re partie d'un temps ternaire est forte, la 2e et la 3e sont faibles, mais quelquefois la 3e est forte.

E. Le scandé est l'accentuation plus marquée de la 1re note de chaque temps ; dans toutes les mesures composant un morceau de musique, le scandé peut changer de son mais sa place est invariable.

F. On nomme *notes à contre temps*, celles qui sont aux temps faibles, ou aux parties faibles des temps, quand il y a des silences aux temps forts ou aux parties fortes des temps ; il n'y a point de parties de temps qu'on ne puisse subdiviser de la même manière.

(Faire des exercices sur les notes à contre-temps.)

(7) La syncope commence son effet au temps faible et se prolonge jusqu'à la fin du temps fort suivant, ou bien elle commence à la partie faible du temps et se termine avec la partie forte du temps suivant ; les notes syncopées sont attaquées à contre temps, elles heurtent et contrarient en quelque sorte la mesure.

(Faire des exercices sur les syncopes.)

(8) A. On écrit en clef de *sol* la musique de la partie exécutée par la main droite sur l'orgue, le piano et la harpe ; celle pour guitare, violon, flûte, clarinette, haut-bois, cor, trompette, etc., etc. ; celle pour la voix de femme et d'enfant que l'on nomme 1er dessus ou soprano 1°.

B. On appelle *Diapason*, 1° l'étendue des instrumens et des voix, ou le nombre de sons par degrés conjoints que peuvent parcourir chaque instrument et chaque voix ; ce nombre est à peu près pour les voix ordinaires de 11 à 13 degrés, et d'après chaque clef, on les écrit sur la portée en empruntant seulement deux lignes additionnelles, une inférieur et une supérieure ; 2° *Diapason* est aussi le nom d'un petit instrument d'acier à deux branches, dont les vibrations donnent le *la* sur lequel les instrumens et les voix s'accordent ; pour l'orgue, le diapason est en *ut* : les expériences prouvent qu'il existe de légères différences entre plusieurs diapasons ; ainsi,

Le diapason de Berlin donne par seconde 437,32 vibrations.

— de l'Opéra Français 431,34
— de Feydeau. 427,6
— des Italiens 424,17

Le diapason de Berlin est donc le plus haut, parce qu'il fait un plus grand nombre de vibrations.

Pour le diapason et l'*unisson* général des voix, voyez l'Ex. 18.

C. L'*Unisson* est l'union de deux sons qui sont au même

degré, dont l'un n'est ni plus grave ni plus aigu que l'autre et dont l'intervalle étant nul ne donne qu'un rapport d'égalité.

Deux cordes de même matière, égales en longueur, en grosseur et également tendues seront à l'unisson. Toutefois deux *sons* à l'unisson ne se confondent pas de manière que l'oreille ne puisse les distinguer, parce que l'un pourra différer de l'autre par le timbre et la force ; une voix de 1er ou second dessus peut être à l'unisson d'une flûte ou d'un piano, et l'on n'en confondra pas les sons.

Ce qui constitue l'unisson, c'est l'égalité du nombre des vibrations faites en temps égaux par deux sons : donc, s'il y a inégalité entre deux nombres de vibrations, les deux sons résultans formeront intervalle.

D. Suivant la position de la clef d'*ut*, sur la 1re ligne c'est *ut*, dans le 1er espace *ré*, 2e ligne *mi*, 2e espace *fa*, 3e ligne *sol*, 3e espace *la*, 4e ligne *si*, 4e espace *ut*, 5e ligne *ré*, et au-dessus *mi* ; partant encore de l'*ut* 1re ligne, on trouve au-dessous *si*. Ex. 18. 2e portée.

E. On écrit en clef d'*ut* 1re ligne la musique pour la voix *de femme*, nommée 2e *dessus* ou *Soprano* 2e ou Mezzo-Soprano.

Son diapason est une tierce plus bas que celui du 1er dessus.

F. Suivant la position de la clef d'*ut*, sur la 2e ligne c'est *ut*, dans le 2e espace *ré*, 3e ligne *mi*, 3e espace *fa*, 4e ligne *sol*, 4e espace *la*, 5e ligne *si*, et au-dessus *ut* ; partant encore de l'*ut* 2e ligne on trouve dans le 1er espace *si*, sur la 1re ligne *la*, et au-dessous *sol*. Ex. 18. 3e portée.

G. On écrit en clef d'*ut* 2e ligne la musique pour le Cor anglais et la voix de femme la plus grave nommée 3e *dessus* ou *Contralto* de femme.

Son diapason est une quinte au-dessous du 1er dessus.

H. Suivant la position de la clef d'*ut*, sur la 3e ligne c'est *ut*, dans le 3ᵉ espace *ré*, 4ᵉ ligne *mi*, 4ᵉ espace *fa*, 5ᵉ ligne *sol* et au-dessus *la*; partant encore de l'*ut* 3ᵉ ligne, on trouve dans le 2ᵉ espace *si*, 2ᵉ ligne *la*, 1ᵉʳ espace *sol*, 1ᵉ ligne *fa* et au-dessous *mi*. Ex 18. 4ᵉ portée.

J. On écrit en clef d'*ut* 3ᵉ ligne la musique pour la violle et la voix d'homme la plus aigue, nommée *haute-contre* ou *Alto* ou *Contralto* d'homme.

Son diapason est une septième au-dessous du 1ᵉʳ dessus.

K. Suivant la position de la clef d'*ut*, sur la 4ᵉ ligne, c'est *ut*, dans le 4ᵉ espace *ré*, 5ᵉ ligne *mi* et au-dessus *fa*; partant encore de l'*ut* 4ᵉ ligne, on trouve dans le 3ₑ espace *si*, 3ᵉ ligne *la*, 2ᵉ espace *sol,* 2ᵉ ligne *fa*, 1ᵉʳ espace *mi*, 1ʳᵉ ligne *ré*, et au-dessous *ut*. Ex. 18. 5ᵉ portée.

L. On écrit en clef d'*ut* 4ᵉ ligne, la musique pour la voix d'homme, nommée *taille* ou *Tenor*.

Son diapason est une neuvième au-dessous du 1ᵉʳ dessus.

M. Suivant la position de la clef de *fa*, sur la 3ᵉ ligne c'est *fa*, dans le 3ᵉ espace *sol*, 4ᵉ ligne *la*, 4ᵉ espace *si*, 5ᵉ ligne *ut*, et au-dessus *ré*; partant encore de *fa* 3ᵉ ligne, on trouve dans le 2ᵒ espace *mi*, 2ᵉ ligne *ré*, 1ᵉʳ espace *ut*, 1ᵉʳ ligne *si*, et au-dessous *la*. Ex. 18. 6ᵉ portée.

N. On écrit en clef de *fa* 3ᵉ ligne, la musique pour la voix d'homme, nommée *basse-taille* ou *Baryton*.

Son diapason est une onzième au-dessous du 1ᵉʳ dessus.

(9). A. On écrit en clef de fa, 4ᵉ ligne, la musique de la partie exécutée par la main gauche sur l'orgue, le piano et la harpe; celle de basse ou violoncelle, contre-basse, basson, serpent, trombone, tymballes, etc.; cèlle pour la voix d'homme nommée *basse* ou *basse-côntre* ou *basso*.

B. Les clefs les moins usitées sont, celle d'ut 2ᵉ ligne, qui ne sert plus au contralto de femme; pour cette voix on écrit en clef d'ut 1ʳᵉ au 3ᵉ ligne; les Italiens écrivent le 1ᵉʳ dessus en clef d'ut 1ʳᵉ ligne comme le 2ₑ dessus: la clef de fa 3ᵉ ligne est inusitée, et la partie de basse-taille s'écrit en clef de fa 4ᵉ ligne, comme la voix de basse : de plus on a pris l'habitude d'écrire en clef de sol, les parties de 1ᵉʳ et 2ᵉ dessus, contralte, haute-contre et taille ; puis en clef de fa 4ᵉ ligne la basse-taille et la basse, en indiquant en tête de chaque partie le nom de la voix à laquelle elle appartient. La clef de sol 1ʳᵉ ligne est au nombre des inusitées, elle met les notes une tierce au-dessus de celles 2ᵉ ligne, et produit pour l'œil, l'effet de la clef de fa 4ₑ ligne, mais par rapport à cette dernière, son effet réel est à la double octave au-dessus.

C. La portée générale ou grande portée est celle qui est composée de deux portées ordinaires et d'une ligne intermédiaire ; la portée inférieure porte la clef de fa 4ₑ ligne, la supérieure celle de sol 2ᵉ ligne, et la ligne intermédiaire la clef d'ut ; cette portée de onze lignes avec deux additionnelles contient l'étendue de toutes les voix depuis le son grave de la basse jusqu'au son aigu du 1ᵉʳ dessus ; l'exemple indique de plus l'unisson ou correspondance des sons avec les touches du piano. Ex. 19.

D. Il faut observer avec soin l'effet réel des clefs en étudiant les combinaisons ou jeux des clefs aux exemples suivans. Ex. 20.

Même unisson qu'à l'exemple 20 quoique pour l'œil les notes semblent descendre de tierce. Ex. 21.

Autre manière de répéter sept fois le même nom quoique les notes semblent monter par seconde. Ex. 22.

Echelle complète sans changer de notes ; chaque note prise à son tour peut, à l'aide des sept clefs, changer sept fois de nom. Ex. 23.

Gamme ascendante à l'aide des huit clefs, quoique pour l'œil les notes semblent descendre par seconde Ex. 24.

Tierces successives en montant à l'aide des huit clefs, quoique les notes semblent être à l'unisson. Ex. 25.

Exercice sur un fragment d'air écrit avec sept clefs. Ex. 26.

(10) Le quart de ton se pratique très-rarement quoique faisable avec quelques instrumens et la voix.

(11) A. L'effet du double dièze et du double bémol est de 2 demi-tons devant une note qui n'a subi aucune altération, et dans ce cas le bécarre peut en détruire l'effet total. Ex. 29. lettre b.

B. Une note altérée est celle qui est précédée d'un des dièzes ou bémols qui sont les signes altératifs.

C. Les dièzes et bémols ainsi que le bécarre se nomment signes accidentels, toutefois qu'ils sont dans le courant d'un morceau de musique, et signes altératifs primitifs les dièzes et bémols qui sont à la clef.

D. Le signe accidentel conserve sa force dans toute la mesure pour les notes semblables à celle qui a été altérée et celles qui en sont la répétition dans les octaves supérieurs et inférieurs. Ex. 30; Il est nul dans la mesure suivante excepté dans le cas de l'ex. 31.

E. Les dièzes et bémols qui sont après la clef sont pour toutes les notes dont ils occupent les degrés ainsi que pour celles des octaves supérieures et inférieures.

(12). Le demi-ton diatonique est aussi nommé majeur quoiqu'il soit plus petit que celui nommé demi-ton mineur.

(13) Le demi-ton chromatique est aussi nommé mineur, quoiqu'il soit plus grand que celui nommé demi-ton majeur.

(14) Dans l'exécution d'un passage enharmonique, il ne faut pas changer de doigté; par ex. si on doit faire ré bémol et immédiatement ut dièze, la 2e note devra être faite comme la 1re pour éviter une discordance.

(15) Dans cette note sont classés presque tous les termes italiens et autres usités en musique, les abréviations et la signification de chaque mot, soit pour le mouvement, soit pour l'expression, etc.

A.

Abbandono (*con.*), avec abandon, sans mesure précise.

Acc.
Accelerando, en pressant le mouvement.

Acciacatura, ce mot indique qu'il faut faire entendre successivement et rapidement les notes d'un accord au lieu de les frapper ensemble.

Adagio, posément, lent, avec gravité.

Ad. Li.
Ad Libitum, mots qui signifient à volonté; un accompagnement ad libitum peut-être supprimé.

Affet^to.
Affetto (*con*), avec recherche, affeterie, maniéré.

Affettuoso, affectueux, affectueusement, avec douceur et d'un mouvement entre l'*adagio* et l'*andante*.

Affret^lo
Affrettando, pressé, opposé à *calando*.

Agevole, avec aisance.

Agitato, agité. C'est le signe d'un caractère d'expression passionnée joint à la vitesse; cette indication permet d'altérer le mouvement.

Agitazione (con), avec agitation.

Alla Breve, mouvement rapide d'une mesure à deux temps, composée d'une ou deux rondes

Alla Militare, à la militaire. Dans l'exécution le caractère des marches militaires.

Alla Polacca, à la polonaise. Mouvement modéré.

Allegramente, joyeux, dispot.

Abréviations.	
All°.	*Allegro*, gai, vif.
All¹°.	*Allegretto*, diminutif d'*allegro*, et dont le mouvement est moins vif.
	Al, *alla*, au, à la.
	Altà, en haut.
	Altro, autre.
	Amabile, doux et gracieux.
	Amoroso, sentimentalement.
Andᵗᵉ	*Andante*, indique un mouvement modéré.
Andⁿᵒ.	*Andantino*, diminutif d'*andante*, et indique un mouvement plus modéré.
	Anima (con), avec ame.
	Animato (più), plus animé, en pressant le mouvement.
	Ancor, encore.
	Antico (al), dans le style ancien.
	Appassionato, indique une expression très-passionnée.
	Arco (col), avec l'archet.
	Aria, air, morceau de chant.
	Arioso, chantant, ariette.
Arp°.	*Arpeggio*, arpége, énumération des notes d'un accord.
	Articulato, articulé, senti, martelé.
	Assaï, beaucoup.
	Attaca subito, attaquez aussitôt le morceau suivant.

B.

Ballade, chant très-ancien conservé en Angleterre, en Irlande et en Ecosse.

Ballo (in), style de danse.

Bassa, bas, au-dessous.

Barcarolla, chanson de gondolier, le mouvement en est modéré.

Basso cantante, basse chantante.

Ben, bien.

Bis, deux fois.

Bravura (*di*), de bravoure, avec hardiesse.

Breve, bref, *brève*.

Brill*te*. *Brillante*, brillant, éclatant.

Brio (*con*), avec éclat.

Burlando, en badinant.

C.

Caccia, chasse, air de chasse.

Colando adoucir et retarder tout à la fois.

Cantabile, mouvement lent et gracieux.

Cantando, avec accent et expression.

Calore (*con*), avec chaleur.

Cadenza, point d'orgue.

Calmato, avec calme.

Camminando, allant avec aisance.

Canzone, *canzonnette*, chanson, chanson-nette.

Canone, canon, c'est une mélodie qui s'accompagne par elle-même, à la distance d'un certain nombre de temps ou de mesures.

Cantate, petit poëme lyrique qui se chante avec des accompagnemens, à certaines fêtes solennelles.

Capo-tasto, petite-pièce de bois qui se fixe au manche de la guitare, au moyen d'une vis.

Capella (alla), style d'église.

Capriccio, caprice ; forme de morceau d'un style libre.

Capriccio (a), à la volonté de l'exécutant.

Cantare, chanter.

Canto, chant.

Cavatine, musique où la mélodie domine.

Chœur, morceau de chant à plusieurs parties.

Civettaria (con) avec coquetterie ; jeu fin, délicat.

Coda, phrase finale plus ou moins longue.

Colla parte, suivez la partie indiquée.

Come, comme.

Comodo, commodément, sans presser.

Concertant, morceau dans lequel les différentes parties brillent alternativement.

C^{to}.   *Concerto*, espèce de morceau avec accompagnement d'orchestre.

Corda, corde.

Cres⁷.   *Crescendo*, en augmentant la force du son.

D.

D. C.   *Da capo*, à la tête, au commencement du morceau.

Deciso, décis, précis.

Decres⁷.   *Decrescendo*, en diminuant la force du son.

Delicato, délicat, avec finesse.

Dextra, dritta (mano), main droite.

Dim°.   *Diminuendo*, en diminuant la force du son.

Disperato, désespéré, agité, passionné.

Dito, doigt.

Doloroso, tristement.

Dolente, languissant, en ralentissant un peu.

Doppio, double.

Dol.   *Dolce*, doux.

Due, deux.

Duettino, petit duo.

Duo, à deux parties.

Duolo (con). avec douleur, tristement.

E.

E, *ed*, et.

Eleganza, élégance, grace.

Energᵗᵉ.   *Energicamente*, énergiquement

Espr.   *Espressivo*, expressif, sentimental.

Estinto, en éteignant le son le plus possible.

Egualmente, également.

F.

Fantasia, fantaisie.

Ferma, ferme, bien attaqué, bien arrêté.

Fine, fin

Fieramente, fièrement, noblement.

Finale, dernière partie d'une symphonie, d'une sonate, d'un air varié.

Flautato, adoucir le jeu.

Flebile, triste, gémissant.

F.   *Forte*, fort.

F. F.   *Fortissimo*, très-fort.

Forza (con), avec force, énergiquement.

Furioso, furieux, emporté.

Furore (con), avec fureur, agitation.

Fuoce (con), avec feu, très animé.

Fuga, fugue, genre de musique soumis à des règles sévères.

Funebra, funèbre.

G.

Garbo (con), avec bonhomie, sans façon.

Giocozo, gai, joyeux.

Giusto (tempo), allant rigoureusement en mesure ; mouvement qui n'est ni trop vif, ni trop lent.

Gorgheggi, vocalises, passage rapide pour la voix.

Grave, grave, sévère, mouvement très-lent.

Grand°   *Grandioso*, avec noblesse.

Graz°.   *Grazioso*, gracieux, doux et agréable.

Grazia, grace, élégance.

Gusto, goût.

I.

Il, le.

Improvisato, improvisé.

Imitazione, imitation.

In, en.

Innocente, simple, sans prétention.

Intrada, entrée.

Introd.   *Introduzione*, introduction.

Intermezzo, intermède, morceau entre deux.

S. Interr.   *Interruzione* (senza), sans interruption, de suite.

Istesso, même.

Istessi valori, mêmes valeurs.

L.

Languido, languissamment.

Larghetto, un peu moins lent que *Largo*.

Largo, large, mesuré, très-lent.

Legato, lié.

Legatissimo, très-lié, suave.

Leggiero, léger, badin.

Leggierissimo, très-léger.

Lento, lent.

Loco, au lieu, à la place ou les notes sont écrites.

Lusingando, en flattant, gracieux.

Lourer, caractère rustique et montagnard dans l'exécution de la pastorale; on ren-force légèrement la 1re note, ou 1re partie de chaque temps.

M.

Ma, mais.

Maes^{to}.   *Maestoso*, mouvement lent et majestueux, noble.

Magg.   *Maggiore*, majeur.

Manc^{do}.   *Mancando*, adoucir et ralentir.

Marcia, marche.

Marziale, martialement, mouvement marqué.

Marcato, marqué avec force.

Malinconico, avec mélancolie, tristesse.

Martellato, martelé, articulé.

Mazurka, *Mazourk*, danse polonaise.

Meno, moins.

Mesto, triste, sévère.

Mezza, *mezzo*, demie.

Minore, mineur.

Minuetto, menuet.

Misterioso, mistérieux.

Mod^{to}.   *Moderato*, modéré.

Moto (con), avec mouvemeut.

Mosso (più), avec plus de mouvement.

Molto, beaucoup.

Morendo, mourant, diminuant le son le plus possible, et retardant un peu.

Movimento (il), le mouvement.

N.

Nel, dans le.

Non, non, pas.

Nonetto, morceau à 9 parties.

Nobilmente, noblement, gravement.

Notturno, morceau de musique destiné à être exécuté de nuit en sérénade.

O.

Octuor, musique à 8 parties.

Org°.   *Organo*, orgue.

Ossia, ou.

8va ou 8^{ve}.   *Ottava*, octave, le 8me degré au-dessus ou au-dessous.

Op.   *Opera*, œuvre.

Ouverture, symphonie qui sert de début aux opéras et aux balets.

Oratorio, oratoire, drame en musique dont le sujet est choisi dans l'histoire sainte.

P.

Parlante, accentué comme s'il y avait des paroles.

Partimenti, exercices préparés pour l'étude de l'harmonie.

Partition, réunion des parties instrumentales et vocales qui entrent dans la composition d'un morceau de musique; c'est aussi le nom de la règle qui sert pour accorder l'orgue et le piano.

Pasticcio, pastiche, opéra formé de musique de plusieurs auteurs.

Pastorale, pastoral, naïf et campêtre.

Ped.   *Pedale*, les pédales sont des touches pour les pieds.

Patetico, grave, sévère, pathéthique.

Per, pour.

Pesante, lourdement.

Perdendosi, laisser perdre le son peu à peu.

P. P.   *Pianissimo*, très-doux.

P.   *Piano*, doux.

Piacere (a), à volonté, à plaisir.

Piu, plus.

Pizzicato, en pinçant les cordes avec les doigts au lieu de se servir de l'archet.

Pietoso, avec pitié, compassion, touchant.

Piacevole, plaisant, gaîment.

Piangevolmente, pleurant.

Plintivo, plaintif, expressif.

Poco, peu.

Polæa, polonaise.

Possibile, possible.

Portamente, portant les sons lourdement.

Portamento, port-de-voix.

Ponticello (sull'), sur le chevalet.

Poï, puis.

1°. 1ᵃ. *Primo*, *prima*, premier, premiere.

Prest^mo. *Prestissimo*, le plus vif possible.

Presto, très-vif.

Preludio, prélude, courte fantaisie précédant un morceau.

Précip^to. *Precipitato*, précipité, hors de mesure.

Principalmente, principalement.

Puntato, pointé, piqué, détaché.

Q.

Questo, ceci, cela.

Quasi, presque.

Quartetto, quatuor, musique à 4 parties.

Quintetto, quintuor ou quintette, musique
à cinq parties.

Quieto, quiétude.

R.

Rall^do ou rall. *Rallentando*, en ralentissant le mouvement.

Ranz des vaches, airs populaires chez les
Suisses.

Rapido, rapidement.

Replica, réplique, réponse, reprise.

Religioso, religieux, grave, majestueux.

Radolcente, radouci.

Récitatif, partie de la musique dramatique
qui n'est point mesurée.

Risoluto, résolument, avec fermeté.

Rinf. *Rinforzando*, en renforçant le son subitement.   7

Ripieno, remplissage, nom d'une partie non obligée.

Ritard.   *Ritardando*, en retardant le mouvement.

Rit.   *Ritenuto*, retenir ou ralentir le mouvement.

Risveliato, réveillé, gaillard.

Ricordanza, souvenir.

Ritornella, ritournelle, phrase qui précède ou suit un air.

Romanza, romance, air simple et mélancolique, d'une mélodie douce et pure.

Rondo, rondeau, morceau de musique dont le thême se reprend deux ou trois fois, et qui peut-être d'un mouvement lent ou vif.

Rondino, *Rondoletto*, petit rondeau.

Rubato ou *Robato*, valeurs indécises empruntant l'une à l'autre.

S.

Saltarella, danse napolitaine.

Scher.   *Scherzando*, badinant, exécution légère.

Scherzo, badinage. Ce nom se donne maintenant aux morceaux qu'on appelait autrefois *menuets*.

Sciolte, agile, délié.

2do. 2^{la}.   *Secondo*, *seconda*, second, seconde.

Segno, signe.

Segue, suivez.

Sempre, toujours.

Sestetto, sextuor, musique à 6 parties.

Septetto, septuor, musique à 7 parties.

Senza, sans.

Sentimentale, sentimental, expressif.

Serioso, sérieux, grave.

Sfz.   *Sforzando*, en renforçant le son subitement pour une seule note.

Simile, pareil.

Simplicemente, simplement.

Simplice, Simple.

Siciliana, sicilienne, genre pastoral avec un rhythme particulier.

M. S.   *Sinistra* (mano), main gauche.

Sino, jusque.

Smz.   *Smorzane*, éteignant le son.

Sostenuto, soutenu.

Sonata, sonate, composition formée de trois ou quatre morceaux de caractères différens.

Sonatina, petite sonate, sonate facile.

Sopra, sur, dessus, au-dessus.

Solo, seul, signifie un morceau obligé pour un seul instrument.

Sordino, sourdine.

S. V.   *Sottovoce*, à voix basse.

Sonoro, sonore.

S.   *Sordini*, sourdines, étouffoirs.

Soave, suave, gracieux.

Spiritoso, spirituellement.

Stac.   *Staccato*, détaché, piqué.

Stiracchiato, *Straccinato*, entraînant et ralentissant.

Stringendo, en serrant le mouvement et forçant le son.

Strepitoso, avec feu, bruyant.

Stesso, même.

Stresso, serré, accéléré le mouvement.

Stendando, languissant.

Subito, subit, prompt.

Svegliato, éveillé, vif.

Symphonie, œuvre divisée en quatre morceaux pour un orchestre complet; les Italiens donnent ce nom aux ouvertures de leurs opéras.

T.

Tacet, indique le silence à une partie pendant un morceau.

Tanto, tant.

T. S.   *Tastosolo*, note de basse soutenue.

Tema, thême, motif de variations.

Tempo, temps, mouvement.

Tenerezza (con), avec ame.

Tenuto, tenu.

Ter, trois fois.

Terzetto, petit trio.

Teneramente, tendrement.

Tosto (più), plustôt.

Toccata, pièce d'étude pour le piano dans un genre spécial.

Troppo (non), pas trop.

Tranquillo, tranquillement.

Trio, composition pour trois voix ou trois instrumens.

Trio, est la seconde partie d'un menuet.

Tremolando, *tremolo*, tremblement usité pour le violon et le piano.

Tre, trois.

Tutti, tous.

U.

Una, une.

Unissono, à l'unisson.

V.

Vaporoso, vaporiser, fondre les sons avec douceur.

Variations, changement, broderies qu'on fait sur un air choisi.

Veloce, vite, léger, rapide.

Vigoroso, vigoureux.

Vibrante, vibrant, manière d'attaquer la touche.

Vivo, *Vivacissimo*, vif, très vif.

Vivace, vif.

Vivamente, vivement.

V. S. *Volti subito*, tournez vite.

Volta 1°, 2°, première, deuxième fois.

Voce, voix.

Volante, très-léger.

Z.

Zingareza (alla), genre bohémien ; mouvement vif et marqué.

(16) Voici à peu près les règles à observer pour mettre de l'expression dans l'exécution, quand les nuances ne sont pas indiquées.

Les passages qui montent doivent être *crescendo*; ceux qui descendent *diminuendo*; de manière, que la note la plus haute soit la plus forte, et la plus basse la plus faible.

La note la plus longue doit être la plus forte.

Les premières et dernières notes d'un trait doivent être plus distinctes que les autres.

La partie chantante doit être plus forte que celles qui font l'accompagnement, et ces dernières ne doivent pas

Les terminaisons de phrases de chant, doivent être un peu ralenties.

toujours participer aux nuances d'expression de la première.

Toutes les notes étrangères au ton et qui ont un signe accidentel, doivent être plus marquées.

Les notes syncopées doivent être plus forte, et souvent on renforce la 2me partie de la syncope.

Quand une note est répétée plusieurs fois, il faut la nuancer différemment, en enflant ou en diminuant le son.

Quand un passage est répété, il faut toujours le nuancer différemment, c'est-à-dire s'il est fort la 1re fois, il faut qu'il soit doux la 2me.

Quand il y a un changement fréquent d'harmonie, ou que les modulations se succèdent rapidement, il faut retenir le mouvement.

Les signes de ponctuation sont des silences qui séparent les membres de phrases ou dessins mélodiques.

C'est en observant avec soin la ponctuation qu'on parvient à bien phraser.

La ponctuation n'étant pas indiquée par des silences, est sous entendue à la fin du dessin mélodique et du membre de phrase.

Voici à peu près le rapport de la ponctuation de la phrase parlée, avec la ponctuation de la phrase mélodique; le point peut se rapporter à la fin de la phrase musicale, ou repos à la tonique; le point et la virgule, où les deux points, à la fin de la phrase qui se termine par un repos, à la dominante; la virgule, et suivant le cas, le point d'interrogation, à la fin du membre de phrase ou du dessin mélodique; et le point d'admiration pour les transitions.

Toutes les fois que la terminaison d'une phrase musicale est suspendue, il faut qu'il y ait moins de force; ce n'est que quand on arrive à la cadence ou terminaison à la tonique, que l'oreille est entièrement satisfaite, et qu'on doit y mettre de la décision.

Pour mettre encore plus de variété dans l'expression, nous avons l'*accentuation*.

Chaque chanteur ou instrumentiste donne un *accent* particulier à la même mélodie, parce que l'accent n'est pas dans le son d'une voix ou d'un instrument, mais dans la manière de le modifier. L'accent est dépendant de l'exécution; l'un et l'autre subissent des variations, selon le plus ou moins de talent ou de sensibité de l'exécutant.

Après la différence que l'on fait sentir entre les temps forts et faibles, les parties fortes et faibles dès temps, et toutes les nuances possibles depuis le plus grand degré de force jusqu'au plus faible, ce que l'on peut à peu près indiquer de l'accentuation musicale, est dit aux paragraphes 58.

(17). Beaucoup d'auteurs ne font aucune différence du piqué au détaché, et font observer pour l'un et l'autre, un silence pour la 2ᵉ moitié de chaque note; le goût fera discerner à l'exécutant, laquelle il devra préférer de ces deux manières d'accentuer, surtout dans le solo.

(18). Avec les simples signes qui viennent d'être expliqués, l'accentuation musicale est très-variée, et contribue beaucoup à diversifier l'expression d'un passage répété plusieurs fois de suite.

(19). On doit s'exercer et prolonger de plus en plus les sons filés avec la voix jusqu'à pouvoir les soutenir pendant 20 à 22 secondes; on les soutient davantage avec les instrumens à vent et à archet.

(20). L'usage des petites notes est de rendre plus facile l'écriture et la lecture musicale, en évitant des complications de valeurs inextricables.

(21). A l'aide de l'exemple on comprendra mieux la manière d'exécuter l'appoggiature, à cause de la différence des temps binaires et ternaires. L'appoggiature préparée est celle qui est précédée d'une grande note placée au même degré qu'elle ; il faut articuler avec plus de force l'appoggiature en-dessus, que celle en-dessous, mais l'une et l'autre doivent se faire sentir plus fortement que la note qui les suit : il y en a que l'on nomme aussi double-appoggiature.

Les petites notes simples et doubles, ainsi que les appoggiatures, ne s'écrivent pas toujours ; on laisse à l'exécutant le soin de les placer suivant que le goût l'exige. Il ne faut jamais faire usage de petite note ni d'appoggiature devant la première note d'une mélodie ou celle précédée d'un silence quelconque, à moins qu'elle soit indiquée. Dans la musique pour instrumens à cordes pincées ou à touches, on trouve souvent l'appoggiature devant un accord ; elle doit précéder la note aigue de cet accord dont les notes doivent être attaquées l'une après l'autre en commençant par la plus basse. Ex. 41.

Il est facile de confondre la petite note et l'appoggiature à moins que de distinguer la petite note de l'appoggiature par un petit trait comme à l'exemple 39 ; aujourd'hui, pour éviter toute confusion, les compositeurs écrivent l'appoggiature en valeur réelle.

(22). Quand on fait le port-de-voix en montant, on passe du doux au fort, en donnant aux sons du moëlleux autant que possible ; quand on le fait en descendant, on passe du fort au doux, pour éviter à la 2e note un son lourd ou écrasé qui en résulte ordinairement sans cette précaution. Une autre manière de porter les sons, est de lier plusieurs notes de même valeur, lesquelles marchent par degrés conjoints et disjoints. Ex. 43.

(23). Quand le *Grupetto* est à la suite d'une note pointée, on le fait ordinairement comme entre deux notes à l'unisson ; par exemple, la blanche pointée se fait comme une blanche à la suite de laquelle on fait le grupetto suivi de la noire représentée par le point. Ainsi des autres à la suite des notes avec deux et trois points. Ex. 45.

(24). De la plus basse à la plus haute des petites notes du grupetto, il doit y avoir deux demi-tons ou trois au plus suivant les cas, et jamais quatre. Le grupetto s'articule légèrement en donnant plus de force et de durée à la première de ses petites notes.

(25). L'effet du Trille est plus satisfaisant quand il commence et finit par la note qui en porte le signe ; quand le compositeur a des raisons pour qu'il commence autrement, il l'indique par des petites notes ; quand plusieurs trilles se succèdent en descendant, les petites notes de la terminaison se suppriment parce que le commencement du suivant sert de fin au précédant, excepté pour le dernier. Ex. 48.

Le trille double (Ex. 49) présente de très-grandes difficultés sur le piano, le violon, etc. ; beaucoup de trilles simples n'en présentent pas moins pour la justesse sur les instrument à vent.

Pour le chant, le trille est très-difficile à enseigner, attendu qu'il n'existe aucune règle précise, d'après laquelle on puisse déterminer l'action des organes du gozier, dans l'exécution de cet agrément, qui est le plus brillant des ornemens mélodiques. Les deux notes dont il se compose s'articulent du gozier, tour-à-tour, avec une certaine vitesse, sans remuer aucune des parties de la bouche ; ce n'est que dans le gozier que doit avoir lieu le mouvement qui fait battre alternativement les deux notes qui s'exécutent un peu lentement au commencement, et avec une rapidité graduée jusqu'à la terminaison du trille, en augmentant et diminuant la force du son, ou seulement en augmentant la force du son jusqu'à sa conclusion.

Le trille est improprement appelé *cadence* parce qu'on le place sur une note de basse qui est ordinairement la 5e de la

8

gamme, laquelle étant suivie de la 1re, produit un mouvement que l'on nomme *cadence parfaite* ou *finale*.

(26) Les auteurs ne sont pas très-d'accords sur le nom de
certains agrémens mélodiques; l'un désigne la simple petite
note par le nom de *mordant*, l'autre appelle de ce nom le
petit trille, et ce dernier est aussi nommé *brisé* qui est le
nom que d'autres donnent au *grupetto*.

(27) On met au nombre des ornemens mélodiques, un
trait qu'on nomme *roulade*; c'est pour le chant plusieurs
sons émis successivement sur une même syllabe; cet agrément, très-difficile, mais le plus brillant après le trille, exige
comme lui de la légèreté dans son exécution et point de
mouvement d'aucune partie de la bouche; on doit à la fois
lier et marteler les sons, c'est-à-dire les produire tous bien
distinctement, augmentant la force peu à peu en montant,
et la diminuant en descendant. Ex. 51.

Les agrémens mélodiques dont on vient de faire l'expli-
cation, sont souvent ajoutés à ceux qui sont notés par
l'auteur; dans ce cas, l'emploi est plus ou moins heureux,
suivant la manière de sentir de l'exécutant; a moins que de
faire un usage modéré de ces fleurons en les plaçant à pro-
pos, le mieux est de faire seulement ce qui est indiqué,
plutôt que de défigurer un morceau de musique en y intro-
duisant des fioritures qui choquent le bon goût, et qui souvent ne s'accordent pas avec l'harmonie.

(28) Il faudrait plutôt le chiffre du nombre divisible en 2
ou 3 ou 4 parties égales.

(29) Dans un orchestre, le repos général ou la suspension
de mesure indiqué par ce signe, cesse au signal du chef
d'orchestre, ou du principal exécutant, pour reprendre ce
qui suit.

(30) Dans l'exécution au piano, de l'accord brisé, si l'accord est bref, on enlève la dernière note sèchement; si il
est long, il faut conserver chaque note pour en former un

accord soutenu ; on fait aussi l'accord brisé sur la guitare , et la harpe ; pour le piano et la harpe, il y en a souvent aux deux mains , alors on commence par la note grave de la gauche et l'on continue sans interruption jusqu'à l'aigue de la droite, comme si ce n'était qu'une main. On l'indique comme à l'ex. 56.

(31) La *Pause* exprime toujours le silence d'une mesure juste dans toutes les mesures ; la *demi-pause* a une valeur fixe, c'est-à-dire qu'elle est toujours égale à la blanche ; de sorte que, dans toute mesure qui vaut plus ou moins d'une ronde, on ne doit point se servir d'une *demi-pause* pour une demi-mesure, mais des autres silences qui en expriment la juste valeur.

(32) A. Au lieu du signe d'octave, on se sert de la *clef* d'octave, dont l'effet se prolonge jusqu'au retour de la clef de sol. Ex. 70.

B. Dans la musique de guitare, de harpe, de piano, le signe 8^{ve} signifie que l'on doit doubler chaque note avec son octave haute ou basse, selon qu'il est placé. Ex. 71.

C. Le mot *chalumeau*, placé sur un trait pour la clarinette, indique qu'il doit être exécuté à l'octave au-dessous ; les mots *loco* ou *clarinette* font connaître quand il faut jouer sans transposition d'octave. Ex. 72.

D. la note double, ou a double queue, pour le violon , la viole, le violoncelle et la guitare, indique qu'il faut le faire en même temps sur deux cordes ; et dans un autre cas, pour le piano comme pour les instrumens sus désignés, une note à double queue ou double note indique que l'une des deux doit être tenue durant toute sa valeur, pendant que l'autre suit celles dont les queues sont dans la même direction ; ce qui produit deux parties Ex. 73.

E. Le *guidon*, est un signe en zig-zag que l'on trouve à la fin de la portée, pour indiquer la 1re note de la portée suivante, on ne le rencontre que dans la musique ancienne. Ex. 74.

(33) Les intervalles sont divisés en *consonnans* et *dissonnans*; les *consonnans* sont la 3me min^re, la 3me maj^re, la 4me juste, la 5me juste, la 6me min^re, la 6me maj^re et l'octave juste; tous les autres intervalles sont *dissonnans*.

On nomme consonnances parfaites, la 5e et l'octave, parce qu'elles ne peuvent être altérées sans cesser d'être consonnantes.

On nomme consonnances imparfaites, la 3e et la 6e parce qu'elles peuvent être maj^re et min^re, sans cesser d'être consonnantes; les autres 3e et 6e sont dissonnantes.

(34) A. Un morceau de musique en mode maj^r avec des dièzes après la clef, devient en mode min^r en retranchant les trois derniers dièzes de la clef; dans le ton de ré maj^r, il n'y a que deux dièzes, on les supprime pour mettre un bémol en leur place; dans le ton de sol maj^r il n'y a qu'un dièze, on le retranche pour lui substituer deux bémols; dans le tons d'ut maj^r il n'y a rien, on met trois bémols. Ex. 88.

B. Un morceau de musique en mode maj^r avec des bémols après la clef, devient en mode min^r en ajoutant trois bémols de plus à ceux qui sont déjà à la clef. Ex. 89.

C. Pour changer en maj^r un morceau de musique qui est en mineur, il faut faire le contraire des deux derniers paragraphes. Ex. 88 et 89.

D. Sans changer de tonique la différence d'armure du majeur au mineur est donc de trois bémols de plus ou trois dièzes de moins, et du mineur au majeur, de trois dièzes de plus ou trois bémols de moins.

E. On appelle armure, les dièzes ou bémols qui sont après la clef; la différence d'armure est de douze signes entre deux tons enharmoniques. Ex. 90.

F. Ordinairement un morceau de musique change de ton plusieurs fois, mais il doit commencer et finir dans le même ton, excepté le cas dans lequel un morceau commence ; par exemple, en la mode mineur et finit en la mode majeur.

G. C'est en haussant d'un demi-ton la sous-dominante, (dans le ton d'ut c'est fa changé en fa dièze) que l'on en fait une sensible, qui détermine ou décide la dominante (du ton d'ut c'est sol) à devenir nouvelle tonique. Ex. 91.

H. C'est en baissant d'un demi-ton la sensible (dans le ton d'ut c'est si changé en si b.), que l'on en fait une sous-dominante, qui détermine ou décide la sus-dominante (du ton d'ut c'est la) à devenir médiante de la nouvelle tonique qui est toujours à la tierce au-dessous. Ex. 92.

J. On appelle notes *tonales*, la tonique, la sous-dominante, et la dominante ; lesquelles sont invariables parce qu'elles ne peuvent être diézées ou bémolisées sans que l'on change de ton. La quinte au-dessus de chaque note tonale est juste ou invariable comme elle ; et la sus-tonique est invariable comme étant la quinte juste au-dessus de la dominante. Ex. 93.

K. On appelle note *modales*, la médiante, la sus-dominante, et la sensible, lesquelles sont variables ; on ne change pas de ton si on les baisse, mais on change de mode. Ex. 94

L. Pour bien établir un ton, il faut employer la tonique, la sous dominante et la dominante ; pour bien établir un mode, il faut employer la médiante, la sus-dominante et la sensible ; sans ces conditions il peut y avoir de l'incertitude dans le ton ou dans le mode.

M. *Transposer*, c'est changer le ton ou le degré d'élévation d'un morceau de musique, par exemple la musique en clef de sol, pour l'avoir,

A une 2ᵉ sup. ou une 7ᵉ inf., il faut supposer la clef d'ut 3ᵉ ligne,

A une 3ᶜᵉ	—	6ᵗᵉ	—	de fa 4° —
A une 4ᵗᵉ	—	5ᵗᵉ	—	d'ut 2° —
A une 5ᵗᵉ	—	4ᵗᵉ	—	de fa 3° —
A une 6ᵗᵉ	—	3ᶜᵉ	—	d'ut 1ʳᵉ —
A une 7ᵉ	—	2ᵉ	—	d'ut 4ᵉ —

Ex. 95.

Pour se familiariser avec le jeu des clefs, il faut faire un tableau semblable partant de chaque clef d'ut et de fa.

N. On nomme *propriété* des sons, le repos plus ou moins parfait des uns, et la direction la plus naturelle des autres, par l'affinité qui est la tendance qu'ils ont à monter ou à descendre.

Le 1ᵉʳ degré ou la tonique, est un repos parfait ou final;

Le 2ᵉ degré ou la sus-tonique, tend plutôt à descendre d'un degré qu'à monter;

Le 3° degré ou la médiante, est un repos momentané ou intermédiaire;

Le 4ᵉ degré ou la sous-dominante, a de l'affinité avec la médiante; elle tend donc à descendre d'un degré, et dans un autre cas elle tend a être suivie de la tonique;

Le 5ᵉ degré ou la dominante, est un repos imparfait ou secondaire, ce son demande à être suivi de la tonique;

Le 6ᵉ degré ou la sus-dominante, tend plutôt à descendre d'un degré qu'à monter;

Le 7ᵉ degré ou la sensible, a de l'affinité avec la tonique, c'est-à-dire qu'elle tend à monter d'un degré.

O. La marche ascendante ou descendante des sons, dans la succession des accords, s'appelle *mouvement*; il y en a quatre, qui sont:

1° Le mouvement *parallèle*, qui est celui ou deux parties restent chacune sur un même degré, avec des valeurs semblables ou différentes;

2° Le mouvement *direct* ou *semblable*, qui est celui que font deux parties qui montent ou descendent en même temps par degrés conjoints ou disjoints ;

3° Le mouvement *oblique*, qui est celui que font deux parties, dont l'une reste au même degré, pendant que l'autre monte ou descend ;

4° Le mouvement *contraire*, qui est celui que font deux parties, dont l'une monte pendant que l'autre descend.

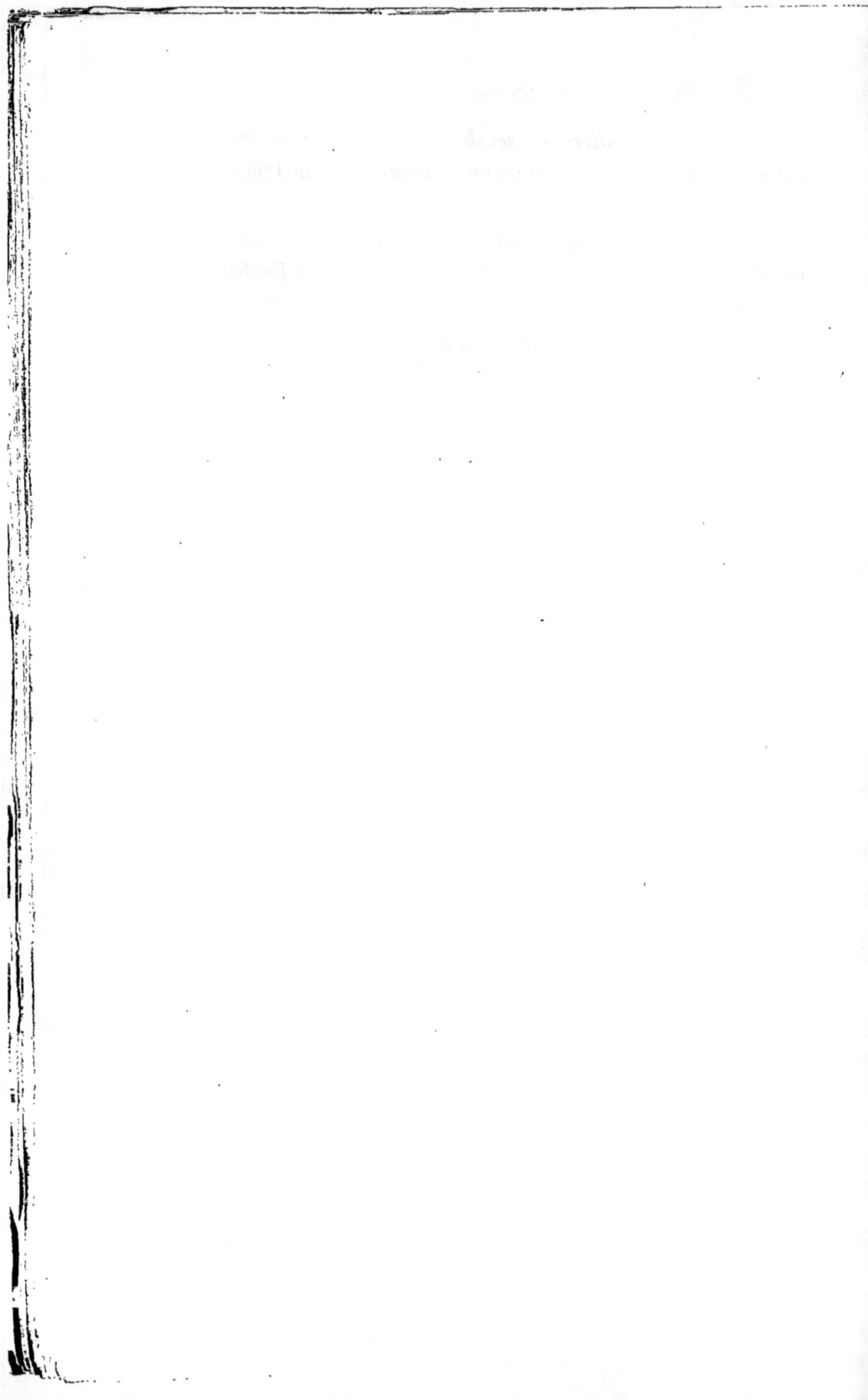

SECONDE PARTIE.

1. Un accord, dans son état direct, est composé de tierces superposées : et l'accord indirect est celui qui est renversé.

Les accords directs ou naturels du mode majeur, sont résumés dans la succession de tierces ascendantes, sol, si, ré, fa, la, ut, mi, sol, si, ré; et ceux du mode mineur, dans celle aussi montante, sol, si, ré, fa, la bémol, ut, mi bémol, sol, si, ré. Ex. 1.

2. Les accords de 5te sont composés de 3 notes, ceux de 7es de 4, etc. On retranche de chaque accord les sons les plus susceptibles de dureté.

3. Les sons qui composent un accord sont indiqués par des chiffres posés sur la note grave de l'accord.

Les accords de 5tes sont :

4. 1° L'accord parfait majeur qui est composé de 3^{ce} majeure et 5te, comme mi, on l'indique par 3 ou 5 ou 8, ou bien ut;

sol,

ut ;

on ne le chiffre pas.

Des deux 3^{ces} superposées de cet accord, la 1re est majeure et la seconde est mineure.

Quand la 3^{ce} de cet accord est à la basse, l'accord est dans son 1er renversement, lequel est composé de 3^{ce} mi-
ut,
neure et 6te mineure, comme sol, on le nomme accord de
mi ;
6te, on le chiffre par 6.

Quand la 5te de cet accord est à la basse, l'accord est dans son 2° renversement, lequel est composé de 4te et 6te ma-
mi,
jeure, comme ut, on le nomme accord de 4te et 6te, on le
sol ;
chiffre par $\frac{6}{4}$.

Les degrés du mode majeur qui portent l'accord parfait majeur, sont le 1er, le 4° et le 5°, dans le mode mineur c'est le 5° et le 6°. Ex. 2.

5. 2° L'accord parfait mineur qui est composé de 3^{ce} mi-
sol,
neure et 5te, comme mi bémol.
ut.
Des deux 3^{ces} superposées de cet accord, la 1re est mineure et la 2° est majeure.

Son 1er renversement, composé de 3^{ce} majeure et 6te ma-
ut,
jeure, comme sol,
mi bémol.
Son 2° renversement, composé de 4te et 6te mineure,
mi bémol,
comme ut,
sol.
On chiffre cet accord et ses renversemens comme le majeur, en indiquant aux chiffres les altérations qui ne sont pas à la clef.

Les degrés du mode mineur qui portent l'accord parfait mineur, sont le 1er et le 4°; dans le mode majeur c'est le 2°, 3° et 6°. Ex. 3.

6. 3° L'accord de 5te diminuée qui est composé de 3ce mi-

fa,

neure et 5te diminuée, comme ré, on le chiffre par un 5 barré.

si;

Les deux 3ces superposées de cet accord sont mineures.

Son 1er renversement, est composé de 3ce mineure et

si,

fa,

6te majeure, comme ré; on le chiffre par +6.

Son 2e renversement est composé de 4te augmentée et

ré,

si,

6te majeure, comme fa; on le chiffre par $_{+4}^{6}$.

Le 7e degré du mode majeur et le 2e du mode mineur portent l'accord de 5te diminuée. Ex. 4.

L'accord de 5te diminué est dissonant; néanmoins il est employé comme cousonnant dans une suite d'accords parfaits.

7. 4° L'accord de 5te augmentée qui est composé de 3ce ma-

sol dièze,

jeure et 5te augmentée, comme mi, on le chiffre par 5 pré-

ut;

cédé d'un dièze ou d'un bécarre; les deux tierces superposées de cet accord sont majeures.

Son 1er renversement est composé de 3ce majeure et 6te mi-

ut,

sol dièze,

neure, comme mi; on le chiffre par 6 avec un dièze ou un bécarre dessous.

Son 2e renversement est composé de 4te diminuée et

mi ,

ut ,

6¹ᵉ mineure, comme sol dièze ; on le chiffre par $\frac{6}{4}$. Ex. 5.

Cet accord est dans le résumé des accords du mode mineur ; il est porté par la médiante du même mode ; l'accord de 5ᵗᵉ augmentée est employé dans le mode majeur sur la tonique et la dominante, mais comme étant un accord parfait majeur altéré ; cet accord est dissonnant, la 5ᵗᵉ qui est la dissonnance monte d'un demi-ton diatonique, pour arriver à la note qui est la 3ᵉ majeure de l'accord résolutif à la 4ᵗᵉ supérieure, ou 5ᵗᵉ inférieure. Ex. 6.

8. On appelle accord altéré, celui dont une des notes qui le composent est baissée ou haussée d'un demi-ton ; la note qui monte doit être altérée par un dièze ; celle qui descend par un bémol.

9. L'accord parfait majeur, altéré dans sa note grave en montant, devient accord diminué ; altéré dans sa 3ᶜᵉ en descendant, il devient mineur ; altéré dans sa 5ᵗᵉ en montant, il devient augmenté. Ex. 7.

10. L'accord parfait mineur altéré dans sa 5ᵗᵉ en descendant, devient accord diminué ; altéré dans sa 3ᶜᵉ en montant, il devient majeur ; altéré dans sa note grave en descendant, il devient augmenté ; altéré dans sa note grave en montant, il devient 3ᶜᵉ et 5ᵗᵉ diminuées ; pour éviter la 3ᶜᵉ diminuée, il faut altérer aussi la 3ᶜᵉ en montant ; dans le cas contraire on ne fait guère usage de cet accord que dans son 1ᵉʳ renversement, qui est composé de 3ᶜᵉ majeure et 6ᵗᵉ augmentée. Ex. 8 et 9.

11. La marche la plus naturelle de la basse portant les accords sans renversements, est par 4ᵗᵉˢ et 5ᵗᵉˢ inférieures et supérieures ; la marche par 3ᶜᵉˢ descendantes est moins naturelle ; celle par 3ᶜᵉˢ montantes donne une harmonie vague ; et dans celle par 2ᵉˢ montantes et descendantes, il y a dureté.

12. Pour unir deux accords, il faut au moins qu'une note du 1er fasse partie du 2e. Ex. 6, 7 lettre a, 8 lettre a.

Si deux accords de 5tes se succèdent sans une note commune, il n'y a pas de liaison; dans ce cas on emploie le mouvement contraire dans les parties, pour éviter la dureté qui résulte des deux 5tes justes par mouvement droit. Ex. 7, lettre B.

On peut faire deux 5tes de suite par mouvement droit, lorsque l'une est juste et l'autre diminuée; dans ce cas, il vaut toujours mieux que la 5te diminuée succède à la juste. Ex. 10.

On évite contre la basse, encore pour cause de dureté, deux 4tes justes de suite; on peut faire deux 4tes par mouvement droit quand l'une est juste et l'autre augmentée. Ex. 11.

La 4te est traitée comme dissonnance contre la basse; on la prépare ou on l'amène par le mouvement contraire. Ex. 12.

On peut faire plusieurs 4tes par mouvement droit, dans les parties intermédiaires et supérieures. Ex. 13.

On évite deux octaves par mouvement droit, parce qu'il y a pauvreté, manque d'harmonie. Ex. 14.

On évite aussi les 5tes et les 8ves cachées principalement dans les compositions sévères, et même entre le chant et la basse des compositions libres; on découvre une 5te ou une 8ve cachée en supposant les notes intermédiaires de la partie qui fait le degré disjoint; on évite ces fautes par le mouvement contraire. Ex. 15.

13. Préparer la note dissonnante d'un accord, c'est faire entendre cette note comme consonnante dans l'accord précédent. Suivant la marche la plus naturelle, une dissonnance quelconque doit se résoudre en descendant d'un ou deux demi-tons. Ex. 16.

La dissonnance monte d'un demi-ton diatonique, dans le cas ou cette dissonnance est le résultat d'une prolongation retardant une note supérieure, comme celle de la médiante retardant la sous-dominante, ou de la sensible retardant la tonique. Ex· 17.

14. Relativement aux chiffres des accords, on indique un intervalle diminué par un chiffre barré, l'intervalle mineur par un chiffre précédé d'un bémol ou d'un bécarre, l'intervalle majeur par un chiffre précédé d'un bécarre ou d'un dièze, l'intervalle augmenté par un chiffre précédé d'un dièze; la croix sur une note de basse ou avant un chiffre, indique la note sensible; le bémol ou le bécarre ou le dièze au-dessus d'une note de basse indique la 3ᶜᵉ au-dessus de cette note; la barre à la suite d'un chiffre, indique la prolongation du même accompagnement sur les différentes notes de basse.

15. On ne double pas les notes qui ont une seule direction, comme la note sensible et les notes dissonnantes; celles qui ont plusieurs marches peuvent être doublées et triplées, etc·

16. L'accord de 7ᵉ dominante est composé de 3ᶜᵉ majeure,

fa,

ré,

5ᵗᵉ et 7ᵉ mineure, comme si, on le chiffre par 7; il est

sol;   +

porté dans les deux modes par le cinquième degré dont il prend le nom; la 7ᵉ est dissonnante et doit descendre d'un degré; la 5ᵗᵉ peut être suprimée, ou être doublée parce quelle peut monter ou descendre d'un degré; la 3ᶜᵉ qui est la sensible monte d'un degré, la dominante qui est la note grave de l'accord reste en place ou monte ou descend à la tonique, ce qui fait qu'elle peut-être triplée; cet accord fait donc sa résolution sur la tonique.

Son premier renversement est composé de 3ᶜᵉ mineure,

sol,

fa,

5ᵗᵉ diminuée et 6ᵗᵉ mineure, comme ré, on le chiffre par

si;

$^6_5$, le 5 doit être barré ; on le nomme accord de 6ᵗᵉ et 5ᵗᵉ diminué.

Son 2ᵉ renversement est composé de 3ᶜᵉ mineure, 4ᵗᵉ et
si,
sol,   +
6ᵗᵉ majeure, comme fa ; on le chiffre par $^4_3$ ou +6, le chiffre
ré,
doit être barré ; on le nomme accord de 6ᵗᵉ sensible.

Son 3ᵉ renversement est composé de 2ᵉ majeure, 4ᵗᵉ aug-
ré,
si,   +
mentée et 6ᵗᵉ majeure, comme sol, on le chiffre par 2, ou +4,
fa ;
ou $^{+4}_2$, on le nomme accord de triton. Ex. 18.

17. La 7ᵉ mixte est composée de 3ᶜᵉ mineure, 5ᵗᵉ diminuée
la,
fa,
et 7ᵉ mineure, comme ré, on le chiffre par 7, le 5 doit être
si ;
barré ; cet accord est porté par la sensible du mode majeur
et la 2ᵉ note du mode mineur ; pour que son effet soit plus
agréable on supprime la 3ᶜᵉ ; la 7ᵉ et la 5ᵗᵉ sont dissonnantes et
descendent d'un degré ; la note grave monte à la tonique du
mode majeur, et va à la dominante dans le mode mineur.

Son premier renversement est composé de 3ᶜᵉ mineure,
si,
la,
5ᵗᵉ et 6ᵗᵉ majeure, comme fa, on le chiffre par $^{+6}_5$; on le
ré ;
nomme 5ᵗᵉ et 6ᵗᵉ sensible ; la note qui porte cet accord doit
monter pour éviter les deux 5ᵗᵉˢ ; il faut que l'intervalle de
2ᵉ qui se trouve dans ce 1ᵉʳ dérivé, ainsi que dans le 2ᵉ, soit
présenté sous le renversement du 7ᵉ.

Son 2ᵉ renversement est composé de 3ᶜᵉ majeure, 4ᵗᵉ aug-

ré,

si,

mentée et 6te majeure comme la , on le chiffre par +$^{+4}_{3}$; on le

fa;

nomme triton avec 3ce majeure.

Son 3e renversement est composé de 2e majeure, 4te et

fa,

ré,

6te mineure, comme si, on le chiffre par +2; on le nomme

la;

accord de 2e (2e sensible). Ce renversement est plus agréable en préparant la dissonnance.

L'accord de 7e mixte, dans le mode majeur, fait sa résolution sur la tonique, et dans le mode mineur, sur la dominante. Cet accord est nommé 7e sensible du mode majeur, et 7e de seconde dans le mode mineur. Ex. 19.

18. La 7e diminuée est composée de 3ce mineure, 5te dimi-

la bémol,

fa,

nuée et 7e diminuée, comme ré, on le chiffre par 7 barré;

si;

cet accord est porté par la sensible du mode mineur; la 7e et la 5te sont dissonnantes et descendent d'un degré; la 3ce et la note grave montent; cet accord est la 7e sensible du mode mineur.

Son 1er renversement est composé de 3ce mineur, 5te di-

si,

la bémol,

minuée et 6te majeure, comme fa, on le chiffre par +$^{+6}_{5}$, le

ré,

5 doit être barré; on le nomme 5te diminuée et 6te sensible.

Son 2e renversement est composé de 3ce mineure, 4te aug-

ré,

si,

mentée et 6ᵗᵉ majeure, comme la bémol; on le chiffre par +4

fa,

et un bémol dessous le chiffre ; on le nomme triton et 3ᶜᵉ mineure.

Son 3ᵉ renversement est composé de 2ᵉ et 4ᵗᵉ augmentées,

fa,

ré,

et 6ᵗᵉ majeure, comme si ; on le chiffre par +2 ; on le nomme

la bémol,

2ᵉ augmentée.

L'accord de 7ᵉ diminuée fait sa résolution sur la tonique.
Ex. 20.

Les accords de 7ᵉ dominante, de 7ᵉ mixte et de 7ᵉ diminuée, ont trois notes qui leur sont communes ; par exemple,

fa.

en ut, c'est ré.

si.

19. La 7ᵉ mineure est composée de 3ᶜᵉ mineure, 5ᵗᵉ et 7ᵉ mi-

ut,

la,

neure, comme fa ; on le chiffre par 7 ; cet accord est prin-

ré,

cipalement porté par la seconde note du mode majeur, et
fait sa résolution sur la dominante ; on prépare la dissonnance ; la 7ᵉ et la 5ᵗᵉ descendent, la 3ᶜᵉ monte de 2ᵉ ou descend de 3ᶜᵉ ou reste en place pour devenir 7ᵉ sur l'accord
de sa résolution ; la note grave va à la dominante. On le
nomme généralement 7ᵉ de seconde ou 7ᵉ avec 3ᶜᵉ mineure. Cet accord est aussi employé sur les 2ᵉ et 6ᵉ degré
dans une suite de 7ᵉˢ ; et dans le mode mineur il peut
être employé sur le 4ᵉ degré.

Son 1ᵉʳ renversement est composé de 3ᶜᵉ majeure, 5ᵗᵉ et

10

ré,

ut',

6te majeure, comme la, on le chiffre par $^6_5$, on le nomme

fa;

6te et 5te.

Son 2^t renversement est composé de 3^{ce} mineure, 4te et

fa,

ré,

6te mineure, comme ut, on le chiffre par $^4_3$, on le nomme

la;

3^{ce} et 4te; ce renversement est rarement employé à cause de sa dureté.

Son 3e renversement est composé de 2e majeure, 4te et

la,

fa,

6te majeure, comme ré, on le chiffre par 2 ou $^4_2$, on le nom-

ut;

me accord de 2e, ou 2e et 4te. Ex 21.

20. La 7e majeure est composée de 3^{ce} majeure, 5te et

mi,

ut,

7e majeures, comme la, on le chiffre par 7; cet accord est

fa,

porté par le 4e degré du mode majeur et par le 6e du mode mineur; il fait sa résolution sur la 7e mixte à la 5te diminuée inférieure, ou à la 4te augmentée supérieure; on prépare la dissonnance; la 7e et la 5te descendent, la 3^{ce} reste en place, la note grave peut rester en place, et monter de 4te ou descendre de 5te.

Son 1er renversement est composé de 3^{ce} mineure, 5te et

fa,

mi,

6te mineure, comme ut, on le chiffre par $^6_5$; on le nomme

la;

5te et 6te mineure.

Son 2ᵉ renversement est composé de 3ᵒᵉ majeure , 4ᵗᵉ et

la ,

fa ,

6ᵗᵉ majeures, comme mi, on le chiffre par ⁴₃ on le nomme

ut ;

3ᶜᵉ majeure et 4ᵗᵉ.

Son 3ᵉ renversement est composé de 2ᵉ mineure, 4ᵗᶜ et

ut ,

la ,

6ᵗᵉ mineure, comme fa, on le chiffre par 2 ; on le nomme

mi ;

2ᵉ mineure. Ex. 22.

21. L'accord de 7ᵉ dominante s'altère dans sa 5ᵗᵉ en montant et en descendant ; on renverse la 3ᶜᵉ diminuée produite par l'altération, en 6ᵗᵉ augmentée. Ex. 23.

La 7ᵉ mixte s'altère dans sa 3ᶜᵉ en montant; Ex. 24. La 7ᵉ dominante par sa 5ᵗᵉ altérée en descendant, et la 7ᵉ mixte par sa 3ᶜᵉ en montant, donnent dans leur 2ᵉ renversement l'accord connu sous le nom de 6ᵗᵉ augmentée avec triton.

La 7ᵉ diminuée s'altère dans sa 3ᶜᵉ en descendant; on ne l'emploi que dans son 1ᵉʳ et son 2ᵉ renversement; les deux 5ᵗᵉˢ de suite qui peuvent résulter de l'emploi du 1ᵉʳ renversement sont tolérées parce que les notes descendent d'un demi-ton, pourtant il ne faut pas que ces deux 5ᵗᵉˢ soient placées entre la partie la plus aigue et la plus grave. Ex. 25.

La prolongation d'une note étrangère à un accord n'empêche pas les notes de cet accord de subir les altérations dont elles sont susceptibles, même en altérant deux et trois notes à la fois. Ex. 26.

22. La 9ᵉ majeure dominante est composée de 3ᶜᵉ majeure,

la ,

fa ,

5ᵗᵉ , 7ᵉ mineure, et 9ᵉ majeure, comme ré, on le chiffre par ⁹₇   ✝

si ,

sol ;

on le pose sur le 5ᵉ degré; la 9ᵉ et la 7ᵉ qui sont dissonnantes, descendent d'un degré en même temps ou l'une après l'autre en commençant par la 9ᵉ; la note sensible monte d'un degré; cet accord fait sa résolution sur la tonique ; on retranche la 5ᵗᵉ pour que l'effet en soit moins dur. Ex. 27.

La 9ᵉ mineure dominante est de même que l'accord précédent, à l'exception de la 9ᵉ qui est mineure, comme la bémol,

fa ,

ré, on le chiffre par ♮ et un bémol devant le 9; on l'emploie

si ,   +

sol ;

de la même manière que le précédent. Ex. 28.

23. L'accord de 11ᵉ est le résultat de la prolongation de l'accord parfait sur le 2ᵉ degré, ou d'une 7ᵉ employée en totalité ou en partie sur une note à la 4ᵗᵉ supérieure ou à la 5ᵗᵉ inférieure, et principalement de la 7ᵉ dominante sur la tonique, ce qui lui a fait donner le nom de 11ᵉ tonique ; on le nomme aussi 7ᵉ superflue; on chiffre la 11ᵉ par ♮, et quand c'est une 11ᵉ tonique par +7. Ex. 29.

24. L'accord de 13ᵉ majeure, n'est que la 7. mixte ou sensible du mode majeur, sur la tonique du même mode, ce qui lui a fait donner le nom de 13ᵉ tonique, que l'on nomme aussi 7. superflue avec 6ᵗᵉ majeure; on le chiffre par ⁺⁷₆. Ex. 30.

L'accord de 13ᵉ mineure n'est que la 7ᵉ diminuée ou sensible du mode mineur, sur la tonique du même mode, ce qui lui a fait donner le nom de 13ᵉ tonique mineure, que l'on nomme aussi 7ᵉ superflu avec 6ᵗᵉ mineure; on le chiffre comme le précédent par ⁺⁷₆; le six doit être précédé d'un bémol. Ex. 31.

25. L'accord de 3ᶜᵉ, 5ᵗᵉ augmentée avec 7ᵉ et 9ᵉ, que l'on nomme accord de 5ᵗᵉ superflue, est le résultat de la 7ᵐᵉ dominante du mode mineur sur la médiante du même mode;

on le chiffre par 5 ou $\frac{9}{5}$, dans l'un ou l'autre cas le 5 est précédé d'un dièze. Ex. 32.

26. L'accord de 5te augmentée, 7e, 9e et onzième, que l'on nomme accord de 5te superflue avec 11e, est le résultat de la 7e diminuée ou sensible du mode mineur sur la médiante du même mode ; on le chiffre par $\frac{4}{4}$ avec un dièze devant le 5. Ex. 33.

27. En harmonie, la cadence est le passage d'un accord quelconque à un autre accord.

La cadence parfaite ou finale, est la résolution de la dominante sur la tonique. Une autre employée comme finale, est la cadence plagale ou religieuse, pratiquée dans la musique d'un caractère sacré ; c'est le passage de l'accord de 5te ou de 6te sur la sous-dominante, à l'accord parfait de la tonique. Ex. 34.

La cadence imparfaite ou demi-cadence, est le passage de l'accord de la tonique ou de tout autre accord, faisant repos sur la dominante. Ex. 35.

La cadence est évitée ou rompue en faisant succéder à la 7e dominante ou diminuée, un autre accord que celui de la tonique que cette 7e avait annoncé. Ex. 36.

28. En harmonie, la pédale est un son prolongé à la basse, sur lequel on fait passer des accords qui lui sont étrangers, mais de temps en temps ils doivent contenir la note prolongée sans quoi l'effet de la pédale serait désagréable.

La pédale n'est pratiquée que sur la tonique et sur la dominante.

La pédale de tonique reçoit plus particulièrement l'accord de 7e dominante, de 7e sensible, et de 7e diminuée, par la raison que tous ces accords faisant leur résolution sur la tonique, le son de la pédale se trouve souvent faire partie de l'harmonie. Ex. 37.

La pédale sur la dominante reçoit toutes les marches consonnantes et dissonnantes. Elle doit commencer par le repos à la dominante et finir par la cadence parfaite ou par le repos à la dominante. Ex. 38.

29. Moduler, c'est unir successivement différens tons ;

On module en montant et en descendant, à la 2ᵉ, à la 3ᶜᵉ, à la 4ᵗᵉ et à la 5ᵗᵉ.

30. En harmonie, les tons relatifs ne sont pas seulement ceux qui ont le même nombre de dièzes ou de bémols après la clef. Ce sont tous ceux qui ne diffèrent entre eux que d'un seul signe alteratif en plus ou en moins à la clef ; ainsi, quand ut majeur est ton principal, les relatifs sont ré mineur, mi mineur, fa majeur, sol majenr, et la mineur ; quand c'est la mineure qui est ton principal, les relatifs sont ut majeur, ré mineur, mi mineur, fa majeur et sol majeur, ce qui fait pour chaque ton principal majeur ou mineur, cinq tons relatifs ; on peut aussi moduler d'un ton relatif dans un de ses relatifs.

31. Les modulations dans les tons relatifs sont les plus douces ; on passe d'un ton principal dans un de ses relatifs ordinairement avec la 7ᵉ dominante (principalement ses renversements). Ex. 39.

Quand le ton principal est majeur, on passe presque toujours au ton de la dominante ; quand le ton principal est mineur, on passe presque toujours dans son relatif majeur qui est à la 3ᶜᵉ mineure supérieure ; l'emploi des autres modulations est à peu près arbitraire et selon le genre du morceau.

32. La transition est une modulation enharmonique employée ordinairement pour unir deux tons éloignés; la transition enharmonique se fait par l'accord de 7ᵉ dominante changée en 6ᵗᵉ augmentée, ou la 6ᵗᵉ augmentée changée en 7ᵉ dominante, et principalement par la 7ᵉ diminuée qui peut se présenter sous quatre faces différentes, qui sont quatre 7ᵉˢ diminuées. Ex. 40

33. On appelle notes de passage, celles qui remplissent les

intervalles entre les notes réelles avec lesquelles elles se lient par degrés conjoints. Les notes de passage sont ordinairement au temps faible de la mesure ou à la partie faible du temps, mais elles peuvent aussi quelquefois avoir lieu sur les temps forts ou sur les parties fortes des temps. Ex 41.

34. La musique est une langue universelle, et quoiqu'un peu vague, elle a sur les langues parlées l'avantage d'être comprise de tous les peuples.

Un morceau de musique quelconque est un discours composé d'une ou plusieurs périodes formant un tout complet. Ex. 42.

La période musicale peut être composée d'une ou plusieurs phrases formant un sens complet. Ex. 42.

La phrase musicale est une suite de mesures qui forment un sens mélodique ou harmonique, qui se termine sur un repos plus ou moins parfait, tel que ceux de la tonique et de la dominante. Ex. 42.

La phrase de huit mesures, ayant un repos à la 4ᵉ, est regardée comme la plus parfaite; elle est d'un usage universel.

Le membre de phrase est presque toujours une partie de la phrase, très-rarement la totalité; le membre de phrase d'une seule mesure est extrêmement rare, on en fait beaucoup de deux, ordinairement de quatre, quelquefois de trois, de cinq et presque jamais au-delà de ce nombre.

Les phrases d'un seul membre sont rares, celles de deux sont très usitées; on en fait beaucoup de trois et de quatre membres.

La quantité de mesures de la phrase complète faite régulièrement, doit toujours être d'un nombre pair, alors la phrase est carrée; si le 1ᵉʳ membre est de quatre mesures, le 2ᵉ doit être aussi du même nombre; si le 1ᵉʳ membre est de cinq mesures, le 2ᵉ doit être de trois ou de cinq.

Souvent en unissant deux phrases, la 1ʳᵉ mesure de la 2ᵉ

phrase sert de dernière mesure à la première phrase ; dans ce cas, cette mesure compte pour deux ; on la nomme suposition. Ex. 43.

L'incise est une phrase ou un membre de phrase qui sert ordinairement à mieux unir deux phrases entre elles et qui quelquefois pourrait ne pas exister, comme sont les grands passages de difficultés que l'on nomme traits, et les conduits mélodiques que l'on nomme aussi rentrées. Ex. 44.

La *coda* est la confirmation de la fin d'un morceau ; souvent on l'exécute avec un mouvement plus accéléré. Lorsque la *coda* finit un grand morceau, on peut la comparer à la péroraison d'un discours oratoire. Ex. 42, 11e phrase.

On reconnait comme éléments principaux et constitutifs de la phrase musicale, le rhythme, le dessin, la symétrie, la répétition, et l'imitation.

Le rhythme, (voyez le paragraphe (3) lettre B.)

Le dessin mélodique est la manière dont les notes sont disposées, en montant, en descendant, et sous le rapport du rhythme ; un membre peut être d'un seul ou de plusieurs dessins ou idées musicales; les membres mélodiques ou harmoniques peuvent être dessinés et rhythmés différemment, comme aussi ils peuvent l'être de même. Ex. 45 et 42.

La symétrie est l'analogie qui existe entre les membres d'une phrase, par rapport au rhythme, aux intervalles et le dessin.

Il y a symétrie rhythmique, si, dans les membres d'une phrase, les valeurs reparaissent aux mêmes temps. Ex 46.

Il y a symétrie d'intervalles, quand ils reparaissent, ainsi que les valeurs rhythmiques, aux mêmes temps. Ex. 46.

Il y a symetrie de dessins, quand ils reparaissent à des distances égales; le dessin est plus symétrique, quand il reparait avec des intervalles semblables. Ex. 46.

La répétition en musique, c'est faire entendre deux ou plusieurs fois de suite le même chant dans la même partie et sur les mêmes degrés ; et changer de degré, en répétant un chant dans une même partie, c'est faire une transposition.

L'imitation, est l'emploi d'un même chant dans plusieurs parties qui le font entendre l'une après l'autre à l'unisson, à la 5te, à la 4te, à la 3^{ce}, ou à quelqu'autre intervalle que ce soit.

FIN DE LA SECONDE PARTIE.

Les personnes qui désirent de plus grandes connaissances musicales, peuvent consulter avantageusement les écrits de MM. Catel, Reicha, Castil-Blaze, Fetis, etc., etc., etc.

Exemples de la 1.ᵉ Partie.

BIBLIOTHEQUE ROYALE I

1. Portée. 1ᵉ Ligne. 1ᵉ Espace.

2. Lignes additionnelles superieures.

Lignes additionnelles inferieures.

3. Sons aigus. Suite de 2.ᵉˢ montantes. Suite de 2.ᵉˢ descendantes.

Sons graves.

4. Carrée, Ronde, Blanche, Noire, ½ Noire, ¼ de Noire, ⅛ de Noire, 1/16 de Noire,

ou Croche. ou double. ou triple. ou quadruple Croche. Croche. Croche.

5. La Ronde vaut 2 Blanches ou 4 Noires &ᶜ. La Blanche vaut 2 Noires ou 4 Croches &ᶜ.

La Noire vaut 2 Croches ou 4 doubles Croches &ᶜ. La Croche vaut 2 doubles Croches ou 4 triples Croches.

La double Croche vaut 2 triples Croches ou 4 quadruples Croches. La triple Croche vaut 2 quadruples Croches.

6. Pause, ½ Pause, Soupir, ½ Soupir, ¼ de Soupir, ⅛ de Soupir, 1/16 de Soupir.

vaut vaut vaut vaut vaut vaut vaut

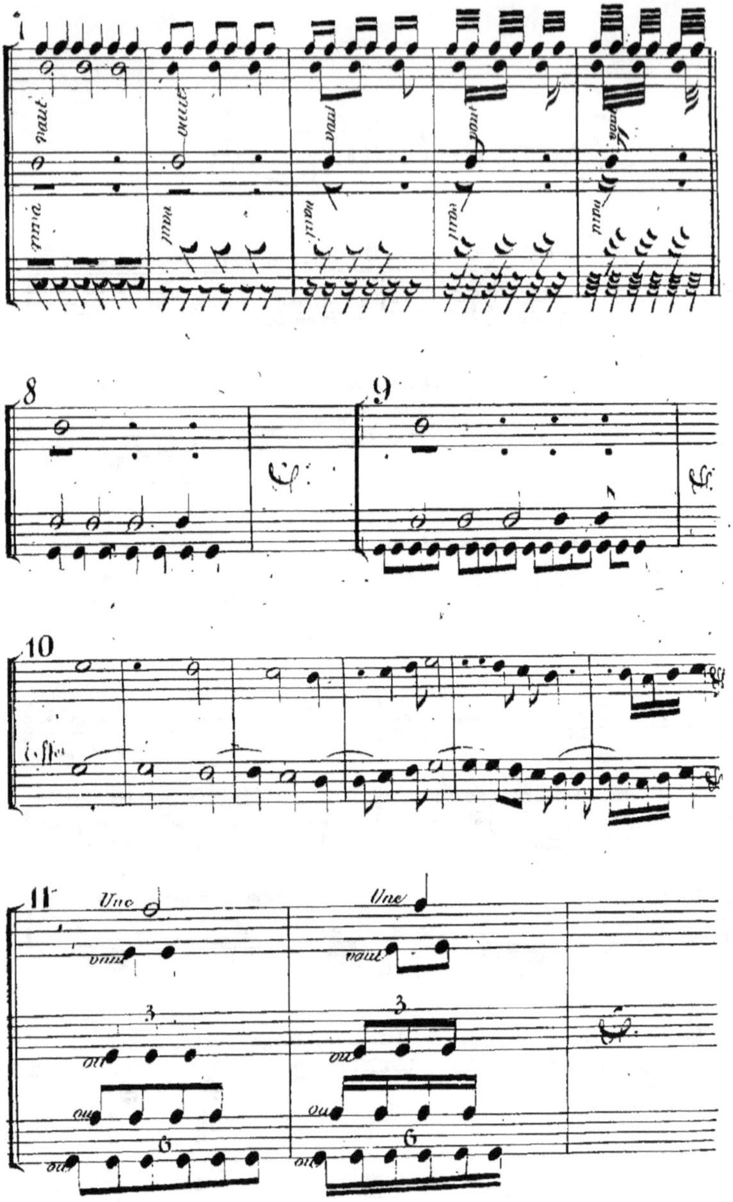

8
9
10
11
vaut
Une
3
6

12

Mesure à temps binaires.

Temps ternaire accidentel. Temps ternaire accidentel.

Mesure à temps ternaires.

Temps binaire accidentel. Temps binaire accidentel.

13 Clef de Sol. Clefs d'Ut. Clefs de Fa.

Sol. Ut. Ut. Ut. Ut. Fa. Fa.

14 Sol La Si Ut Ré Mi Fa Sol. **15** **16**

Sol Fa Mi Ré. Mi Sol Si Ré Fa. Ré Fa La Ut Mi Sol.

Sol. La. Si. Ut. Ré. Mi. Fa. Sol. La.

17

Ré. Ut. Si. La. Sol. Fa. Mi.

Diapason des Voix.

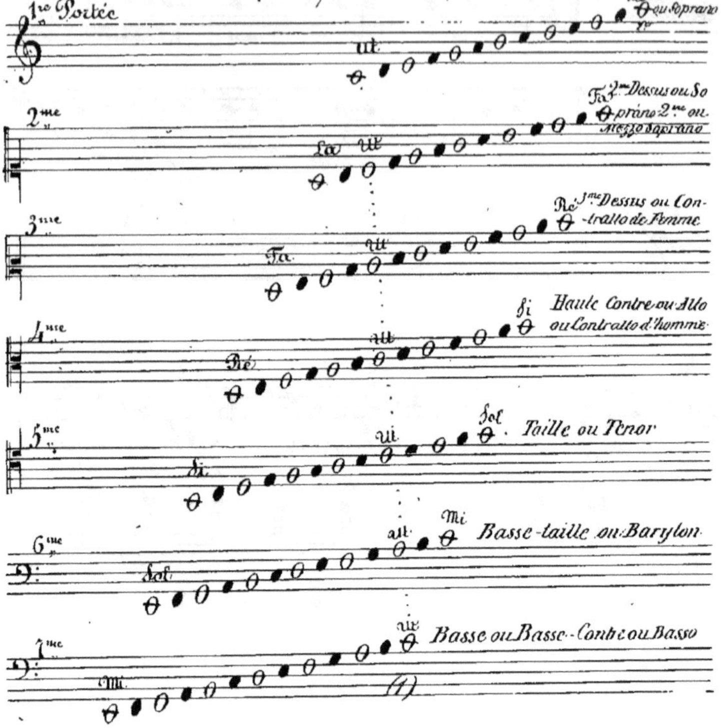

(1) Unisson général des Voix.

19

Portée de onze Lignes et deux additionnelles,
contenant l'étendue de toutes les Voix et indiquant
l'unisson ou correspondance des sons avec les touches du Piano.

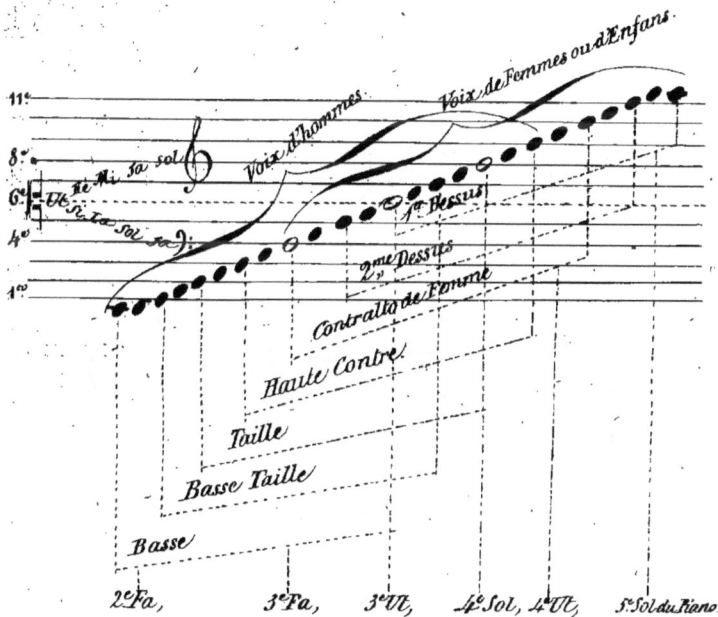

Notes des trois Clefs.

Notes à l'unisson.

20
Rapport
des
Effets.

21
Ut Ut Ut Ut Ut Ut Ut
22
Sol Sol Sol Sol Sol Sol Sol
Effet réel
Sol Sol Sol Sol Sol Sol Sol
23
Sol La Si Ut Re Mi Fa
Effet réel
Sol La Si Ut Re Mi Fa
24
Ut Re Mi Fa Sol La Si Ut
25
Ut Mi Sol Si Re Fa La Ut
26
27
1 ton 1 ton ½ ton 1 ton 1 ton 1 ton ½ ton
1re 2me 3me 4me 5me 6me 7me 8me Note de la Gamme.

28　Dièze,　　Bémol,　　　Double Dièze, DoubleBémol, Bécarre.

29 a　Notes diézées et bémolisées séparées par un ou deux demi tons.

30　31

Effet　Effet

32　Seize demi tons Diatoniques dans la Gamme à l'aide des simples Dièze et bémol

33　Quatorze demi tons Chromatiques dans la Gamme à l'aide des simples Dièze et bémol

34　Neuf Passages en harmoniques dans la Gamme à l'aide des simples Dièze et bémol.

35 Gamme ou Marche Diatonique ascendante et descendante.

36 Gamme Chromatique contenant 12 demitons entre 2 sons y comprenant la répétition du 1.er son.

37 Notes détachées

Effet

Notes piquées.

Liaison ou coulé. Tenue ou son soutenu. Longue suite de.

Syncopes

adoucis.

38 Mise de voix ou son filé 39 Petites Notes simples, Doubles,

Crescendo Diminuendo Triples et Quadruples.

40 Appoggiatures Appoggiatures préparées Autre

Effet

Autres Doubles Appoggiatures.

41 *Accord avec appoggiature.*

42 *Port de voix*

43 *Autre Port de voix ou sons liés.*

44 **45**

46

Divers manières de commencer et de terminer le Trille.

53

Point d'arrêt. Point d'orgue.   Point final.

54   Accords plaqués.

55   Les Accords brisés s'indiquent par ⟨ ou ⟨ ou ⟨

Effet   Effet
Bref   Longs

56   Accord brisé des deux Mains.

Effet

57   Accords Arpeges.

58   Tremolo de Violon   Tremolo de Piano.

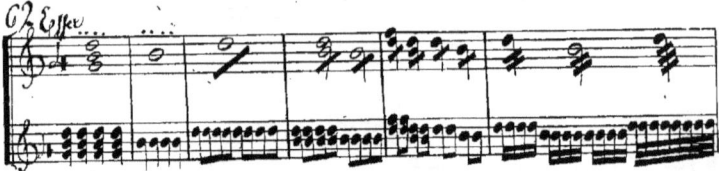

66
Effet
67
Effet
68
Bis
Bis
Effet
69 8e
loco
Effet
8e Basse
loco
70
Effet

71
Effet
72
Chaluмeau
Clarinette
Effet
73
Effet
74
Guidons
75

Les Chiffres dans ce tableau indiquent le nombre de demi-tons dont est composé chaque intervalle. Il ne faut point confondre deux intervalles différens qui renferment la même quantité de demi-tons, ce n'est pas le même nombre de degrés pour les deux intervalles, comme sont les 2.de Maj. et 3.e dimi. 2.e aug. et 3.e Min. &.c de plus quand deux intervalles différens contiennent le même nombre de demi-tons, l'un peut être consonnant, comme est la 3.e Min. et l'autre dissonnant comme est la 2.de aug., ces deux intervalles sont composés chacun de trois demi-tons, mais non des mêmes sons, quoique sur le Piano on les frappe avec les mêmes touches; aussi en accordant cet instrument il faut tempérer pour rendre supportable la différence qui existe entre ces intervalles qui renferment la même quantité de demi-tons.

On fera faire aux Élèves le tableau des intervalles, en prenant pour base successivem.t chacune des notes de l'échelle, non altérées, diezées et bémolisées.

Mode Maj.r   Mode Min.r

78   3.e Maj.r   3.e Min.r

79   2.e   3.e   4.te   5.te   6.te   7.e   8.e
Maj.r   Maj.r   Maj.r   Maj.r

1.er degré   2.e degré   3.e degré   4.e degré   5.e degré   6.e degré   7.e degré   8.e degré
Tonique . sus Tonique . Médiante. sous Dom.te Dom.te sus Dom.te Sensible. Tonique.

80   2.e   3.e   4.te   5.te   6.te   7.e   8.e
Maj.r   Médi.te   Maj.r   Maj.r

81   Min.r   6.te
Min.r

82   6.te   7.e
Min.r   Maj.r

On fera faire aux Elèves, des Gammes ascendantes et descendantes dans
tous les tons Maj.rs et tous les tons des deux Gammes du Mode Min.r

83   Fa   Ut   Sol   Ré   La,   Mi,   Si

84 Les tons du Mode Maj.

Peu usité.

Ut — Sol — Ré — La — Mi — Si — Fa ♯ — Ut ♯

Les tons du Mode Min.

La — Mi — Si — Fa ♯ — Ut ♯ — Sol ♯ — Ré ♯ — La ♯

Peu usité.

85 Si, Mi, La, Ré, Sol, Ut, Fa.

86 Les tons du Mode Maj.

Peu usité.

Ut — Fa — Si ♭ — Mi ♭ — La ♭ — Ré ♭ — Sol ♭ — Ut ♭

Les tons du Mode Min.

La — Ré — Sol — Ut — Fa — Si ♭ — Mi ♭ — La ♭

Peu usité.

87 Ut Maj. — La Min. — Mi ♭ Maj.

Ut Min. — La Maj. — Fa ♯ Min.

Toutes fois que la Dominante Maj.re est altérée en Montant d'un demi ton,
elle devient note sensible du Mode Min.r quelle fixe ou détermine.

88 Maj.

Min.

Tableau de Transposition

En Ut

En Re.

En Mi

En Fa.

En Sol

En La

En Si

Il faut suposer les Dièzes ou les Bémols
qu'il faut après la Clef.

Exemples de la 2.ᵉ partie.

Résumé des accords du Mode Maj.ᵉ   Résumé des accords du Mode Min.ᵉ

de l'accord parfait Min.r altere dans sa note grave ou fondamentale.

N.a la note fondamentale est la plus basse quand les notes d'un accord sont en progression de tierce.

Prolongation de la Médiante retardant la sous Dominante.

Prolongation de la sensible retardant la Tonique.

19
Mode Majr
Mode Minr
7e Mixte.
1er renvt
2e renvt
avec préparation
3e renvt
20
avec préparation
7e diminuée
1er renvt
2e renvt
3e renvt
21
7e Minr
1er renvt
2e renvt
peu usité à cause
de sa dureté.
3e renvt
22
7e Majr
4e Note Mode Majr
ou 6e Mode Minr
1er renvt
2e renvt
3e renvt
23
7e Dominante altérée dans sa 5te en montant.
idem dans sa 5te en descendant.
7e Domte
1er renvt
2e renvt
3e renvt
7e Domte

1.er renv.^t   2.e renv.^t   3.e renv.^t
sixte aug.^{tée}
avec triton

N°. L'Altération peut être faite sans être précédée
de la Note non altérée.

7.e Mixte   1.er renv.^t   2.e renv.^t   3.e renv.^t en Mode
Sixte aug.^{tée}   min.^r seulement.
avec triton.

1.er   et   2.e   renv.^t
de la 7.e Diminuée altérée.

Double   Double   Triple
Altération.   Altération.   Altération.

†† Pour éviter la 4.te doublement augmentée on peut écrire Mi bémol au
lieu de Ré dièse. Voyez l'exemple du Signe ⊕.

27
9me. Majre. Dominante.
28
9me. Minre. Dominante.
ou
29
11e par la Prolongation de l'accord parfait.
11e par l'emploi d'une 7e
ou
11e. Tonique.
ou.
& ou.
30
31
32
33

34 Cadences parfaites. Cadences parfaites très peu usitées comme finales. Cadences à la

tonique, ou plagales. 35 Cadences ou repos à la Dominante. ou

Mode maj. Mode min.

demie Cadences. Cadences évitées.

36

Cadences rompues.

37

Pédale à la tonique.

D'Ut en Ré. Retour.   D'Ut en Mi. Retour.   D'Ut en Fa.

Retour.   D'Ut en Sol. Retour   D'Ut en La. Retour.

D'Ut en Si maj. ou   De Si maj. ou min.   La 7.e dimi.te d'Ut changée en
min. en changant   en Ut en changant   1.er renv.l de la 7.e dimi.te de La, ou en
la 7.e domi.te en 6.te   la 6.te augmentée   2.e renv.l de la 7.e dimi.te de Fa, ou en
augmentée.   en 7.e Domi.te   3.e renv.l de la 7.e dimi.te de Ré #

Les Notes de passage sont indiquées par une petite croix.

Air d'Œdipe de Sacchini.

1ʳᵉ Période

1ʳᵉ Phrase de 6 Mesures. | 2ᵐᵉ Phrase de 4 Mesures. | 3ᵉ Phrase de 4 Mesures.

1ᵉʳ Membre de la Phra-se de 2 mesures. | 2ᵉ membre de 2 mesures | 1ᵉʳ membre de 2 mes. | 2ᵉ membres de 2 mes. | 1ᵉʳ membre de 2 mes. | 2ᵉ membre

Repos sur la tonique. | Repos sur la Dominante.

Fin de la 1ʳᵉ Période. | 2ᵉ Période. | 4ᵉ Phrase de 4 mes. | 5ᵉ Phrase de 5 mes. | 6ᵉ Phrase de 5 mes.

de 2 m. | 1ᵉʳ memb. de 2 m. | 2ᵉ memb. de 2 m. | 1ᵉʳ memb. de 3 m. | 2ᵉ memb. de 2 m. | 1ᵉʳ memb. de 2 m. | 2ᵉ

Repos sur la tonique | Repos sur la Domi-te du ton de Sol relatif d'Ut. | ou plutôt 1ᵉʳ memb. d'une Phrase de 10 mestres.

Fin de la 2ᵉ Période. | Repos sur la tonique du ton relatif.

7ᵐᵉ Phrase de 5 mes. | 8ᵉ Phrase de 8 mes.

memb. de 2 m. | 1ᵉʳ memb. de 2 m. | 2ᵉ memb. de 3 mes. | 1ᵉʳ memb. de 4 mes.

Repos de la Domi-te du ton de sol relatif d'ut. | ou plutôt 2ᵉ memb. de 5 mes. correspondant au 1ᵉʳ de 5 pour le complément de la Phrase de 10 mesures. | 3ᵉ Période.

Repos sur la tonique du ton relatif.

9ᵉ Phrase de 6 mes. | 10ᵉ Phrase

2ᵉ membre de 4 mes. | 1ᵉʳ memb. de 2 m. | 2ᵉ memb. de 2 m. | 3ᵉ memb. de 2 m. | 1ᵉʳ memb.

Repos sur la tonique primitive. | Repos sur la dominante.

de 12 mes. qui est la répétition de la 1ʳᵉ Phrase avec amplification.

de 4 mes. | 2ᵉ memb. de 4 mes.

Repos sur la tonique.

11.ᵉ Phrase de 6 mes ou Coda

3ᵉ Memb. de 4 mes. ou amplification de la 10.ᵉ Phrase.

1ᵉ Memb. de 2 mes.

2ᵉ Memb. de 2 mes.

Repos sur la
tonique.

Fin de la 3.ᵉ
Période.

3.ᵉ Memb. de 2 mes.

Repos sur la tonique.

43 Allegro de Paesiello.

suposition

Dernière Mes. de la
Phrase qui précède
et 1ᵉ mes. de la
Phrase suivante.

44 Ouverture de Panurge par Grétry.

Phrase incidente

autre.

incise

incise ou
conduit

45 Haydn.

Dessin mélodique   même   même   même

46 Mozart.

1ᵉ Membre.   2.ᵉ Membre.

Symétrie de Rhythme d'intervalle et de Dessin.

BIBLIOTHEQUE NATIONALE DE FRANCE

3 7531 03328144 6

www.ingramcontent.com/pod-product-compliance
Lightning Source LLC
Chambersburg PA
CBHW071824090426
42737CB00012B/2176